吕氏春秋

吕不韦◎著

北方妇女儿童出版社

目录

序

中华民族要实现伟大复兴，必须有凝聚力。凝聚力的基础是人民具有民族自尊心、自信心，而民族自尊心、自信心的根本来源于对民族文化优秀传统的明确认知。

值得欣慰的是，博大精深的中华传统文化，蕴含着丰富的精神资源。生生不已的变易之道，居安思危的忧患意识，富贵不淫、贫贱不移的大丈夫气概，民为邦本的政治哲学，正德、利用、厚生相统一的精神物质兼顾的文明观，等等，都是开启今人智慧、滋养今人心灵的营养。

为了适应全民阅读的需求，我们本着以弘扬传统文化、传承中华文明为宗旨，精心设计了这套深入浅出，今古相合，适合全民阅读和理解古代先贤智慧的《中华国学经典全民阅读书库》。

本书特点鲜明，以采用多视角、多元化、多维度的图解式为启动引擎，每册图书分为六大版块：阅读图解、观古阅今、辅导讲坛、原典新释、古韵体验和延伸阅读；通过这些版块，详细生动地从不同功用上对丛书之每一国学经典进行全方位的介绍，辅助读者理解古籍中生僻难解之处，有益于在古诗文学习上的理解和提高。

国学，作为一种历史、一种传统、一种文化、一种非物质文化遗产，它所蕴藏的经验、智慧和启示，穿越时空延展至今。我们用它来化解心灵的危机，解释当下的生存困境，救赎迷惘的灵魂。我们正处在现代化进程中，需要从古籍中发掘中华民族固有的传统文化基因作为促进社会进步的重要支撑点，这正是全民阅读国学重要性之所在。

国学流传了几千年，不腐更不会朽，它是清新而流动的活水，万古长青，生机盎然。有鉴于此，我们组织学术界的一流专家，编辑了这套图书，以飨读者。

编者

2015 年 3 月

阅读图解

Yue Du Tu Jie

吕氏春秋

阅读结构图解

No.1

阅读图解：这部分内容用和谐的色彩和图形来对本书作者、历史影响等内容进行解读，简单、清晰、直观，有利于读者轻松把控和阅读本书。

No.2

观史阅今：这部分包括本书的历史传承、影响，以及本书的历史地位、作用、意义等内容，起到点睛之笔的作用，能够让读者做到对经典著作的深入和精细化阅读。

No.3

辅导讲坛：用简短、精炼的语言对每一篇的内容进行概括、总结，以期读者更加快速地从宏观角度掌握本书的主要内容。

No.5
古韵体验：用体验的方式阅读，具有亲历性和验证性，当把书籍的内容用在实际中，是活学活用，也是学以致用，《吕氏春秋》对我们理政、经商、治学、教育等均有广泛用途，有针对性地用在实践中，是我们阅读的目的。

No.4
原典新释：选取和本书相关的人物、图书、影视以及经典的词句、思想等内容，以增加读者的文化积淀，拓宽视野，培育创造力。

No.6
延伸阅读：这部分内容包括原典、注释、译文和铭记链接，侧重对原典的正确解读，注释译文力求简明准确，链接知识紧扣文本，重在凸显原典主旨，弘扬传统文化。

阅读提纲图解

1.《吕氏春秋》是在秦国丞相吕不韦主持下，集合门客们编撰的一部黄老道家名著。成书于秦始皇统一中国前夕。此书以道家思想为主干贯穿全书始终，融合各家学说。全书共分十二卷，一百六十篇，二十余万字。

2.《吕氏春秋》对诸子百家兼收并蓄，因而保存了各家的思想资料，成为先秦思想的资料汇编，许多古代的遗文佚事也靠它得以保存。所以史料价值较高。

原文部分参照多家白话文本及诸家注、疏、笺、校本，文章经梳理后，以中国现代标点符号标明句读，以方便读者阅读。

注释部分是对古今异义（异音）、生僻、难解等词语进行注释，力求准确严谨，古今相通，简洁明白，便于读者阅读。

中华国学 经典全民阅读书库

卷一　孟春纪

原文

始生之者，天也；养成之者，人也。能养天之所生而勿撄之谓天子①。天子之动也，以全天为故者也②。此官之所自立也③。立官者，以全生也。今世之惑主，多官而反以害生，则失所为立之矣④。譬之若修兵者，以备寇也。今修兵而反以自攻，则亦失所为修之矣。

注释

①撄（yīng）：伤害。

②全：保全。天：指天所赋予人的生命与天性。故：事。

③官：官职。自：从。

④所为立之：指设立官职的原因。

3.《吕氏春秋》是中国历史上第一部有组织按计划编写的文集，上应天时，中察人情，下观地利，以道家思想为基调，形成一套完整的国家治理学说。

4.《吕氏春秋》不但综贯先秦诸家学说，书中亦有诸子书所未备的遗文坠简，虽未必能当先秦学说总汇之称。要可为先秦各家学说作一补充。对于后世《太平御览》等类书的出现有很大的影响。

吕氏春秋

译文

最初创造出生命的是天，养育生命并使它成长的是人。能够保养上天创造的生命而不摧残它，这样的人称作天子。天子一举一动都是把保全生命作为要务的。这是职官设立的来由。设立职官，正是用以保全生命啊。如今世上糊涂的君主，大量设立官职却反而因此妨害生命，这就失去了设立职官的本来意义了。譬如训练军队，是用以防备敌寇的。可是如今训练军队却反而用以攻杀自己，那就失去了训练军队的本来意义了。

译文部分参考诸家注、疏、笺、校本，以现代白话的形式解说文言文原文，以帮助现代读者理解原文，明白其意思。

经典语录

1. 夫水之性清，土者扣之，故不得清。人之性寿，物者扣之，故不得寿。
2. 精通乎天地，神覆乎宇宙，其于物无不受也，无不裹也，若天地然。
3. 贵富而不知道，适足以为患，不如贫贱。
4. 昔先圣王之治天下也，必先公。公则天下平矣，平得于公。
5. 天下非一人之天下也，天下之天下也。
6. 阴阳之和，不长一类；甘露时雨，不私一物；万民之主，不阿一人。

经典语录是对文章内涵的延伸，所选内容和名言都是本书中知名度最高、对后人启发最深刻的，能够拓展读者视野，加深读者记忆，提高阅读质量。

作者年谱图解

约公元前 292 年	生于卫国濮阳（今河南省安阳市滑县）。
约公元前 262 年	往来各地，以低价买进，高价卖出，积累起千金的家产。
公元前 265 年	吕不韦到邯郸去做生意，见到子楚后非常喜欢，说："子楚就像一件奇货，可以囤积居奇。以待高价售出"。
公元前 265－258 年	游说华阳夫人收子楚为儿子，献出已怀孕的宠姬给子楚做夫人。
公元前 257 年	派王齮围攻邯郸，情况非常紧急，赵国想杀死子楚。子楚就和吕不韦密谋，拿出六百斤金子送给守城官吏，得以脱身，逃到秦军大营，这才得以顺利回国。赵国又想杀子楚的妻子和儿子，以子楚的夫人是赵国富豪人家的女儿，才得以隐藏起来，因此母子二人竟得活命。
公元前 251 年	秦昭王去世，太子安国君继位为王，华阳夫人为王后，子楚为太子。赵国也护送子楚的夫人和儿子赵政回到秦国。安国君继秦王位，守孝一年后，加冕才三天就突发疾病去世了，谥号为孝文王。子楚继位，他就是秦庄襄王。

公元前249年

任命吕不韦为丞相，封为文信侯，河南洛阳十万户作为他的食邑。

公元前246年

庄襄王去世，太子赵政继立为王，尊奉吕不韦为相邦，称他为“仲父”。秦王年纪还小，太后常常和吕不韦私通。

约公元前242年

吕不韦进献嫪毒，假装让人告发他犯下了该受宫刑的罪。吕不韦又暗中对赵太后说：“你可以让嫪毒假装受了宫刑，就可以在供职宫中的人员中得到他。

公元前238年

有人告发嫪毒实际并不是宦官，常常和赵太后淫乱私通，并生下两个儿子，秦王命法官严查此事，把事情真相全部弄清，事情牵连到相国吕不韦。

公元前237年

十月，秦王嬴政免去吕不韦的相邦职务。

约公元前235年

各诸侯国的宾客使者络绎不绝，前来问候吕不韦。秦王恐怕他发动叛乱，就写信给吕不韦，吕不韦一想到自己已经逐渐被逼迫，害怕日后被杀，就喝下酖酒自杀而死。

作者生平

吕不韦是秦国一代名相，任职于战国末年。原是阳翟（今河南禹县）巨商，因散尽家财帮助秦始皇的父亲子楚继承秦国王位，在异人继位为秦庄襄王后，被任用为秦国丞相，封文信侯，食河南洛阳10万户。秦始皇继位后，尊他为相国，号称“仲父”。秦始皇十年被免职，十二年自杀。

在战国时期，魏国有信陵君，楚国有春申君，赵国有平原君，齐国有孟尝君，他们都礼贤下士，结交宾客。并在这方面要争个高低上下。吕不韦认为秦国如此强大，所以他也招来了文人学士，给他们优厚的待遇，门下多达三千人。与四公子不同的是，吕不韦招揽门客，并不甚看重勇夫猛士，却十分注重文才。原来，吕不韦有他自己的见解。他素来善于谋略，瞧不起那些头脑简单的勇夫。再说秦国猛将如云，军力强大，没有必要再蓄养征杀之士，还有一个原因，其时许多善辩之士纷纷著书立说，广为流传，不但天下闻名，还可传之后世，永垂青史，这一点尤其令吕不韦眼热。吕不韦本是商人出身，没有条件去著书立说，但他可以借助这些擅长舞文弄墨的门人，来实现自己的抱负和愿望。那时各诸侯国有许多才辩之士，像荀卿那般人，著书立说，流行天下。

《吕氏春秋》全书体例划一，篇与篇之间内容有一定的联系与分工，表明它是按统一的计划有组织地编写的。全书的序文《序意》篇叙述著作大旨的部分冠有“文信侯曰”四字，表明书中贯彻了吕不韦的思想文化观念及政治主张。战国末期政治上统一的趋势加强，各家思想也迅速走向融合，在此背景下产生的《吕氏春秋》，注重博采众家学说。以今人眼光衡量，《吕氏春秋》一书的写作目的，是为了综合各家学说之长，指导秦国统治阶级兼并六国，建立大一统的封建王朝，并实现长治久安。它对各家学说实际上是有所吸收，有所扬弃，主要是吸收其中比较合理、进步和有利于实现上述目的的内容。因而它是“杂而不杂”，宗旨明确。《吕氏春秋》明确声明它是“集腋成裘”。不管哪家哪派，只要是好的思想都要综合进来。而这正是黄老道家的优点。《用众》篇说："天下无粹白之狐，而有粹白之裘，取之众白也。故以众勇无畏乎孟贲矣，以众力无畏乎乌获矣，以众视无畏乎离娄矣，以众知无畏乎尧舜矣。夫以众者，此君人之大宝也。"《吕氏春秋》对先秦各家各派着重审视其优长，偏重于汲取其精粹，力图超出门户之见，它说："老耽贵柔，孔子贵仁，墨翟贵兼，关尹贵清，列子贵虚，陈骈贵齐，阳生贵己，孙膑贵势，王廖贵先，儿良贵后，此十人者，皆天下之豪士也。"

著书时间

《吕氏春秋》是先秦时期黄老道家重要的巨著，公元前239年左右完成，当时正是秦国统一六国的前夕。吕不韦是秦国一代名相，任职于战国末年。吕因散尽家财帮助在赵国为人质的秦昭王孙异人立嫡有大功劳，在异人继位为秦庄襄王后，被任用为秦国丞相。吕不韦令门下凡能撰文者，每人把自己所闻所见和感想都写出来。等到文章交上来后，五花八门，写什么的都有，古往今来、上下四方、天地万物、兴废治乱、士农工商、三教九流，全都有所论及，许多文章还有重复。吕不韦又挑选几位文章高手对这些文章进行筛选、归类、删定，综合在一起成书，取名叫《吕氏春秋》。吕不韦对此书十分看重，他自己认为这部号称《吕氏春秋》的书是杰作，夸口说该书是包揽了"天地、万物、古今"的奇书。这部作于战国时期的大作，其中保存了不少古代的遗文佚事和思想观念，具有一定的参考价值。《吕氏春秋》汇合了先秦各派学说，"兼儒墨，合名法"，而这正是道家的优点与特色。吕不韦借门客之手撰写《吕氏春秋》，虽主要靠借他人之光提高其形象，但在文化事业上确实是作了件大好事，功不可没。

名家点评图解

司马迁称《吕氏春秋》“备天地万物古今之事”，将其与《周易》、《春秋》、《国语》、《离骚》等相提并论。

班固称《吕氏春秋》是一部“兼儒墨，介名法”，“于百家之道无不贯综”的旷世奇书。

刘向的《六艺略》把《吕氏春秋》列为杂家学派，认为杂家的特点是“兼儒墨，合名法”。诸子之说兼而有之。

东汉高诱："此书所尚，以道德为标的，以无为为纲纪。"

刘元彦：《吕氏春秋》对于各家的学说，虽然兼收并蓄，但经过严格的取舍，甚至有所创新，从而形成了自己的思想体系。

洪家义：人们对《吕氏春秋》的性质的认识有如此分歧，说明《吕氏春秋》不宜归属于任何一家或数家。它打破了当时各家各派的门户之见，泯却了地区文化的界限，广泛而批判地汲取了各家各派的思想精华。

丁原明：《吕氏春秋》是试图创立统一的封建意识形态的一次大胆尝试，并在连结先秦到秦汉的哲学、政治思想发展过程中，起了不可磨灭的历史作用。

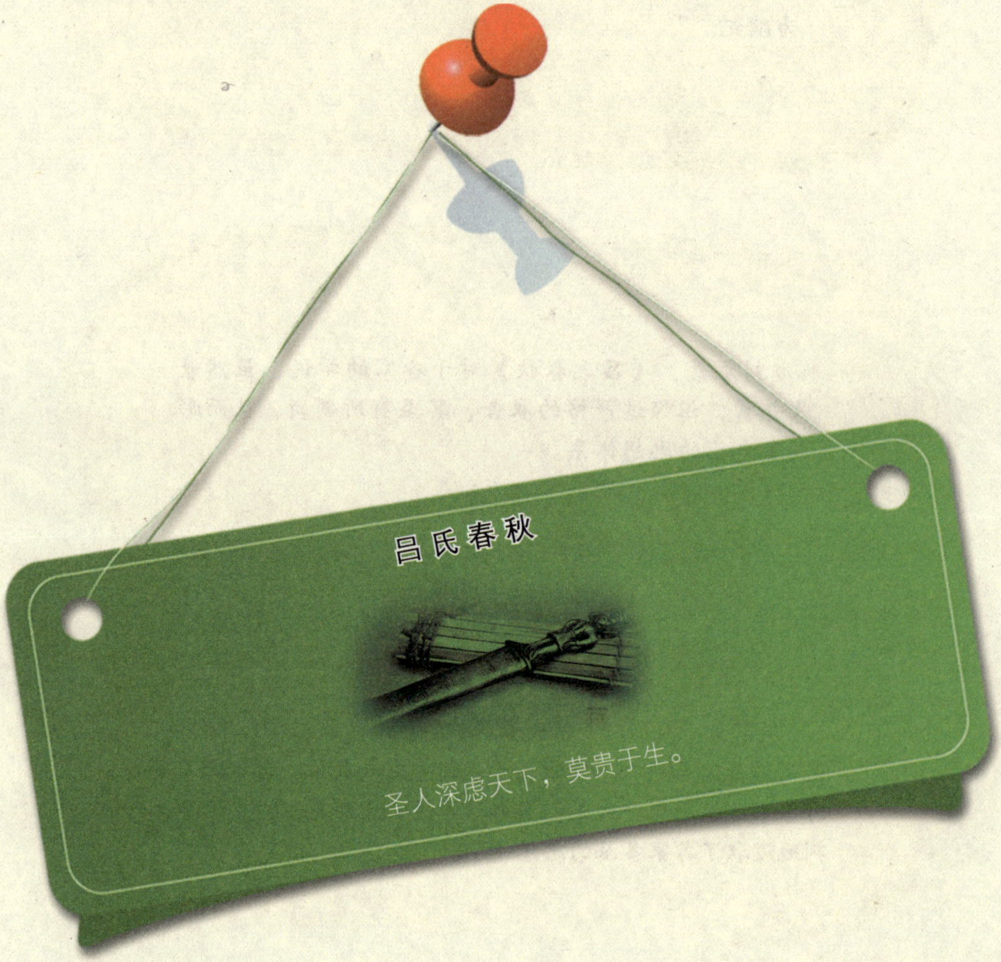
吕氏春秋
圣人深虑天下，莫贵于生。

观古阅今

Guan Gu Yue Jin

吕氏春秋

《吕氏春秋》在管理思想史上，有着特殊的价值。它是中国历史上第一部有组织按计划编写的文集。从学术角度观察，它具有浓厚的自然主义色彩；从管理角度观察，它充满了功利主义色彩。《吕氏春秋》通过对先秦诸子的修正，形成了自己的特色，在管理思想的全局性、整体性和深刻性上，都有自己的建树。从阴阳五行的理论架构，到经验主义的具体论证；从养生和贵己的“内圣”，到君臣之道和善治天下的“外王”；从个人和国家、社会和政权之间的关系调适，到自然之道支配下的生理、物理、事理和心理的互相配套，形成了一个完整的体系。《吕氏春秋》总括先秦诸子，开启秦汉先声，在管理思想史上具有重要地位。

《吕氏春秋》总共有160篇文章。郭沫若认为八览中的《有始览》只有七篇是缺了一篇。而《序意篇》也系残文，篇末的文字和全文内容不符有可能就是《有始览》所缺的，其篇名可能就是《序意篇》题目下所标注的《孝廉》，这样《吕氏春秋》就应该是161篇文章。清人卢文弨也主此说。这是有可能的。《汉书·艺文志》记载“《吕氏春秋》二十六篇”，这个“篇”字当是“卷”字之误。至《隋书·经籍志》就改正为二十六卷，以后均沿而未改。《吕氏春秋》可以说是古书中体例最严谨、整齐的一部书。清人卢文劭说此书篇极为整齐，而且保留至今没有残缺。（见《〈吕氏春秋〉校记》）梁启超说此书经过两千多年的流传而没有残缺和窜乱，且有高诱的注，实属古书之中最完好和最易读的。（见《古书的真伪及其年代》）

《吕氏春秋》一向被看做是杂家的作品，《汉书·艺文志》说：“杂家者流，盖出于议官。兼儒、墨，合名、法，知国体之有此，见王治之无不贯，此其所长也。及荡者为之，则漫羡而无所归心”。的确儒、墨、道、法、名、阴阳各家都可以在《吕氏春秋》中找到专篇，但该书并不是漫无边际的大杂烩。张岱年说所谓杂家并非混杂而无原则，《吕氏春秋》的特点是博采各家学说，但不取迷信和鬼神的思想，而是吸取各家比较进步的思想，对道家吸收其贵生的思想，对墨家吸收其薄葬的思想，对法家吸收其察今的思想，儒家吸收其教育和音乐的思想，虽采各家之说但却不矛盾，因此以说是杂而不杂的，是一个综合学派。缺点是没有一个中心的观点。但也有人有不同的看法，如纪昀在《四库全书提要》中说：大抵以儒为主，参以道墨。

《吕氏春秋》中的矛盾是显而易见的，他的自然观吸收了老子的天道观，而他的认识论却是朴素唯物主义的认识论，他强调人的主观认识能力，要求去尤，即消除先见，并否认有先验的知识。产生这写矛盾的原因是：一，本书是成于众人之手，就难免互相矛盾、抵牾和不统一；二，根本的原因在于，建立一种适应封建地主阶级大一统政治的思想意识形态是没有先例的事情，最简单的莫过于从各家学说中各取所需，难免杂糅而形成不统一的体例。要注意的是书中虽然有矛盾，但是也有侧重，在哲学方面以道家为主，在社会政治思想上多以儒家为主，也兼采众家。

《吕氏春秋》除了它本身在思想史上的价值外，它还保留了许多已经失传的诸子百家的材料，如 1931 年李峻之从《吕氏春秋》中辑出了宓子贱、李克、公子牟、子华子、田骈、邓析子、惠子、孟胜、田鸠等人的议论和事迹，见《〈吕氏春秋〉古书辑佚》，收《古史辨》第六册，为我们保留了许多的关于先秦诸子的资料。吕不韦的三千门客中有各家学派的学者，刘汝霖统计《吕氏春秋》一书中有发挥儒家学说的文章26篇，道家 17 篇，墨家 10 篇，法家 41 篇，名家 5 篇，阴阳家 2 篇，纵横家 10 篇，农家 4 篇，小说家 1 篇，兵家 16 篇。见《吕氏春秋分析》收《古史辨》第六册。《吕氏春秋》一百六十篇大多引用历史故事来说理为我们保留了许多可贵的资料。当然在使用中要加以分辨。在《恃君览》中说："太古尝无君矣，其民生聚而群处，知其母而不知其父，无亲戚兄弟，无夫妻男女之别，无上下长幼之序，无进退揖让之礼，无衣服履带、宫室、畜积之便，无器械、舟车、城郭、险阻之备，此无君之患。"为我们保留了关于原始社会的史料。

司马迁在《史记》里将《吕览》与《周易》《春秋》《离骚》等并列，表示了他对《吕氏春秋》的重视。《汉书·艺文志》则将该书列入杂家，所以以儒家学者不再重视。最早为《吕氏春秋》作注的是东汉的高诱，认为此书“大出诸子之右”，即超过了诸子的成就。近代以许维遹的《吕氏春秋集释》最有影响，另有陈奇猷的《吕氏春秋校释》，张双棣、张万彬、殷国光、陈涛的《吕氏春秋译注》等。校本流传最广和最佳的是清毕沅本和近人蒋维乔、杨宽、沈延国、赵善诒合撰的《吕氏春秋汇校》本。

辅导讲坛

Fu Dao Jiang Tan

本书的阅读，以多视角，多元化，多维度为启动引擎，在阅读时从两个主体部分着眼，就会得到相得益彰的效果。

一、版块辅导

全书共分为六大版块：阅读图解、观史阅今、辅导讲坛、原典新释、古韵体验以及延伸阅读。

图形也是一种语言，但它比文字简练、直观、立体，同时也蕴含着丰富的信息。本书的阅读图解部分就是最好的证明，这部分内容是对整本书的结构概括、作者生平以及本书的历史影响及文学地位的直观展示。

接下来是观史阅今，读者可以从这部分概括性的语言中对本书的意义、传承、影响等方面有一个总体的了解。这样，在阅读原著的时候就能更轻松地领悟作者的思想精髓。

原典新释是本书的重中之重，它主要由原文、注释、译文和经典语录等知识版块组成。梳理原文，并对生僻难解的字词进行注释，同时还配有相应的译文，这些都有利于读者理解国学经典内容。此外，在每一篇文章后面都加了一个紧扣本篇内容的铭记链接知识。这样不仅能加深读者的记忆，而且还开阔了读者的视野，达到了全民阅读“品味经典，弘扬传统文化”的目的。

古韵体验，这也是当我们读完这本经典著作之后的收获和感想。我们都能领悟到作品哪些思想精髓，应该怎么做才能真正地弘扬中华传统文化，实现中华民族的伟大复兴呢？

二、原著辅导

《吕氏春秋》作为十二纪、八览、六论，注重博采众家学说，以道家黄老思想为主，兼收儒、墨、法、兵、农、纵横和阴阳各先秦诸子百家言论。

道家思想

《吕氏春秋》大量吸收道家虚静无为之说，并把它运用于为君之道的政治理念中。它说：“君也者，处虚素服而无事，故能使众智也。智反无能，故能使众能也。能执无为，故能使众为也。无智，无能，无为，此君之所执也。”《吕氏春秋》认同先秦道家“无为而无不为”的主张，它说："大圣无事而干官尽能。""善为君者，劳于论人而佚于治事。"《吕氏春秋》认为这种表面的"无为"，才能达到"事省而国治"的目的。相反，"人主好暴示能，好唱自奋；人臣以不争持位，以听从取容；是君代有司为有司也"，其结果必然是君臣职能倒置，造成混乱和危殆。应该说，《吕氏春秋》中的这些见解，来自于老庄而又发展了老庄。

儒家思想

《吕氏春秋》重视并吸收了儒家的民本思想。《务本》篇说："主之本在于宗庙，宗庙之本在于民"；《顺民》篇说："夫以德得民心以立大功名者，上世多有之矣；失民心而立功名者，未之曾有也"；《贵公》篇说："天下，非一人之天下，天下人之天下世。"这些言论，正如郭沫若所言，"具有一种钢铁的声音"，尤其在君主专制的时代。《吕氏春秋》赞赏儒家修齐治平的贤人政治， 它说："圣人行德乎己，而四荒咸伤乎仁。""为国之本在于为身，身为而家为，国为天下为。故曰：以身为家，以家为国，以国为天下。"

墨家思想

相对儒、道二家，《吕氏春秋》对墨家思想吸收较少。墨家的尊天、明鬼、非攻、非乐等主张，它基本据弃或予以驳斥。但对尚贤、兼爱之说，还是有所吸收的。《吕氏春秋》中有一篇《节葬》，吸收并改造了墨子"薄葬短丧"的思想，主张：人死虽不为鬼，亦无知觉，但出于活着的亲人在感情上的需要，送死仍要有一定的仪节，然而"自古及今，未有不亡之国也；无有不亡之国，是无不扬之墓也"，故此厚葬是无益的。那么社会上何以盛行厚葬之风呢？《节葬篇》说："今世俗：大乱之主，愈侈其葬，则生者以相矜尚也。侈靡者以为荣，俭节者以为陋，此非慈亲孝子之心也。"这一见解比起墨子的节葬观，更显得理智和深刻。另外，《吕氏春秋》提出唯物主义的真理观、名实观，注重类比推理的正确运用，批驳诡辩的名辩思想，显然也是吸收、继承了《墨经》中的优秀思想。

法家思想

《吕氏春秋》肯定法家的重要性和变法的必要性，明确指出："有金鼓，所以一耳；必同法令，所以一心也；智者不得巧，愚者不得拙，所以一众也；勇者不得先，惧者不得后，所以一力也；故一则治，异则乱；一则安，异则危。”“故治国，无法则乱，守法而不变则悖，悖乱不可以持国。事易时移，变法宜矣。”这些观点显然与商、韩的思想有直接的联系。但是《吕氏春秋》对于法家“惨礉少恩”的一面，对于《韩非子》中的种种阴谋权术，是拒斥不取的。

原典新释

Yuan Dian Xin Shi

吕氏春秋

卷一　孟春纪

本　生

原文

始生之者，天也；养成之者，人也。能养天之所生而勿撄之谓天子①。天子之动也，以全天为故者也②。此官之所自立也③。立官者，以全生也。今世之惑主，多官而反以害生，则失所为立之矣④。譬之若修兵者，以备寇也。今修兵而反以自攻，则亦失所为修之矣。

注释

①撄：伤害。

②全：保全。天：指天所赋予人的生命与天性。故：事。

③官：官职。自：从。

④所为立之：指设立官职的原因。

译文

最初创造出生命的是天，养育生命并使它成长的是人。能够保养上天创造的生命而不摧残它，这样的人称作天子。天子一举一动都是把保全生命作为要务的。这是职官设立的来由。设立职官，正是用以保全生命啊。如今世上糊涂的君主，大量设立官职却反而因此妨害生命，这就失去了设立职官的本来意义了。譬如训练军队，是用以防备敌寇的。可是如今训练军队却反而用以攻杀自己，那就失去了训练军队的本来意义了。

原文

夫水之性清，土者抇之，故不得清。人之性寿，物者抇之[①]，故不得寿。物也者，所以养性也[②]，非所以性养也[③]。今世之人，惑者多以性养物，则不知轻重也。不知轻重，则重者为轻，轻者为重矣。若此，则每动无不败。以此为君，悖[④]；以此为臣，乱；以此为子，狂。三者国有一焉，无幸必亡[⑤]。

注释

①抇（hú）：搅浑，搅乱。引申为扰乱。

②性：性命。

③以性养：用生命供养外物。指嗜欲过当。

④悖：谬误，惑乱。

⑤无幸必亡：不可幸免，必定灭亡。

译文

水本来是清澈的，泥土使它浑浊，所以水无法保持清澈。人本来是可以长寿的，外物使他迷乱，所以人无法达到长寿。外物本来是供养生命的，不该损耗生命去追求它。可是如今世上糊涂的人多损耗生命去追求外物，这样做是不知轻重。不知轻重，就会把重的当作轻的，把轻的当作重的了。像这样，无论做什么，没有不失败的。持这种态度做君主，就会惑乱糊涂，做臣子，就会败乱纲纪，做儿子，就会狂放无礼。这三种情况，国家只要有其中一种，就无可幸免，必定灭亡。

原文

今有声于此，耳听之必慊已[①]，听之则使人聋，必弗听。有色于此，目视之必慊已，视之则使人盲，必弗视。有味于此，口食之必慊已，食之则使人瘖[②]，必弗食。是故圣人之于声色滋味也，利于性则取之，害于性则舍之，此全性之道也。世之贵富者，其于声色滋味也，多惑者。日夜求，幸而得之则遁[3]。遁焉，性恶得不伤[4]？

注释

①慊（qiè）：惬意，满足。已：表示确定语气。

②瘖（yīn）：哑，哑巴。

③遁（dùn）：通“循”，顺从，这里是放纵的意思。

④恶（wù）：何，怎么。伤：病。

译文

假如有这样一种声音，耳朵听到它肯定感到惬意，但听了就会使耳聋，人们一定不会去听。假如有这样一种颜色，眼睛看到它肯定感到惬意，但看了就会使人眼瞎，人们一定不会看。假如有这样一种食物，嘴巴吃到它肯定感到惬意，但吃了就会使人声哑，人们一定不会去吃。因比，圣人对于声音、颜色、滋味的态度是，有利于生命的就取用，有害于生命的就舍弃，这是保全生命的方法。世上富贵的人对于声色滋味的态度大多是糊涂的。他们日日夜夜地追求这些东西，幸运地得到了，就放纵自己不能自禁。放纵自己不能自禁。生命怎么能不受伤害。

原文

万人操弓，共射其一招[1]，招无不中。万物章章[2]，以害一生，生无不伤；以便一生[3]，生无不长。故圣人之制万物也，以全其天也[4]。天全，则神和矣，目明矣，耳聪矣，鼻臭矣[5]，口敏矣，三百六十节皆通利矣[6]。若此人者，不言而信，不谋而当，不虑而得[7]；精通乎天地，神覆乎宇宙；其于物无不受也，无不裹也[8]，若天地然；上为天子而不骄，下为匹夫而不惛[9]。此之谓全德之人。

注释

①招：靶子。

②章章：繁盛明显的样子。

③便：有利，适宜。

④天：这里指天性与生命。

⑤臭（xiù）：这里指嗅觉灵敏。

⑥三百六十节：指人周身的所有关节。利：通畅。

⑦得：收获。

⑧裹：包容。

⑨惛（hūn）：通“闷”，愁闷。

译文

一万人拿着弓箭，共同射向一个目标，这个目标没有不被射中的。万物繁盛茂美，如果用以伤害一个生命，那么这个生命没有不被伤害的；如果用以养育一个生命，那么这个生命没有不长寿的。所以圣人制约万物，是用以保全自己生命的。生命全然无损，精神就和谐了，眼睛就明亮了，耳朵就灵敏了，嗅觉就敏锐了，口齿就伶俐了，全身的筋骨就通畅舒展了。像这样的人，不用说话就有信义，不用谋划就会得当，不用思考就有所得。他们的精神通达天地，覆盖宇宙。对于外物，他们无不承受，无不包容，就像天地一样。他们上做天子而不骄傲，下做百姓而不忧闷。像这样的人，称得上是德行完全的人。

原文

贵富而不知道，适足以为患[1]，不如贫贱。贫贱之致物也难[2]，虽欲过之[3]，奚由[4]？出则以车，人则以辇，务以自佚[5]，命之曰“招蹶之机”[6]。肥肉厚酒，务以自强，命之曰“烂肠之食”。靡曼皓齿[7]，郑卫之音[8]，务以自乐，命之曰“伐性之斧”。三患者，贵富之所致也。故古之人有不肯贵富者矣，由重生故也；非夸以名也，为其实也。则此论之不可不察也。

注释

①适：恰好。

②致：得到。

③虽：即使。过：过度，放纵。

④奚：何。

⑤佚：通“逸”，安逸。

⑥招：致。蹶：病名，此处指行走不便。机：器械。

⑦靡曼：柔弱美貌。皓：白。靡曼皓齿，用来比喻美色。

⑧郑卫之音：春秋战国时期郑、卫两国的民间音乐。孔子有“郑声淫”之说，历代均视之为淫靡之音。

译文

富贵而不懂得养生之道，正足以成为祸患，与其这样，还不如贫贱。贫贱的人获得东西很难，即使想要过度地沉溺于物质享受之中，又从哪儿去弄到呢？出门乘车，进门坐辇，务求安逸舒适，这种车辇应叫敢“招致脚病的器械”。吃肥肉，喝醇酒，极力勉强自己吃喝，这种酒肉应该叫做“腐烂肠子的食物”。迷恋女色，陶醉于淫靡之音，极尽享乐，这种美色、音乐应该叫做“砍伐生命的利斧”。这三种祸患都是富贵所招致的。所以古代就有不肯富贵的人了，这是由于重视生命的缘故，并不是用轻视富贵钓取虚名来夸耀自己，而是为保全生命。既然这样，那么以上这些道理是不可不明察的。

贵　公

原文

昔先圣王之治天下也，必先公①。公则天下平矣②。平得于公③。尝试观于上志④，有得天下者众矣，其得之以公，其失之必以偏⑤。凡主之立也，生于公。故《鸿范》曰⑥：“无偏无党⑦，王道荡荡⑧。无偏无颇⑨，遵王之义。无或作好⑩，遵王之道。无或作恶，遵王之路。”

注释

①公：公心，与“私”相对的概念。

②平：和。

③得：获得。

④上志：古代记载，指古代典籍。

⑤偏：偏私。

⑥《鸿范》：《尚书》的篇目，通常作《洪范》。

⑦党：偏私。

⑧荡荡：宽广平坦。

⑨颇：偏差。

⑩无或作好：没有个人的偏好。或，今本《尚书·洪范》“或”字作“有”。好（hào）私好。

译文

从前，先代圣主治理天下，一定把公正无私放在首位。做到公正无私，天下就安定了。天下获得安定是由于公正无私。试考察一下古代的记载，曾经取得天下的人是相当多的了。如果说他们取得天下是由于公正无私，那么他们丧失天下必定是由于偏颇有私。大凡立君的本意，都是出于公正无私。所以《鸿范》中说；“不要偏私，不要结党，王道多么平坦宽广。不要偏私，不要倾侧，遵循先王的法则。不要滥逞个人偏好，遵循先王的正道。不要滥逞个人怨怒，遵循先王的正路。”

原文

天下非一人之天下也，天下之天下也。阴阳之和，不长一类①；甘露时雨，不私一物；万民之主，不阿一人②。伯禽将行③，请所以治鲁。周公曰④：“利而勿利也⑤。”荆人有遗弓者⑥，而不肯索⑦，曰：“荆人遗之，荆人得之，又何索焉?”孔子闻之曰：“去其‘荆。’而可矣。”老聃闻之曰⑧：“去其‘人’而可矣。”故老聃则至公矣。天地大矣，生而弗子，成而弗有，万物皆被其泽，得其利，而莫知其所由始。此三皇五帝之德也⑨。

注释

①不长一类：不仅仅使某一类生长。长，使动词。

②阿：偏袒。

③伯禽：周代鲁国的始祖。姬姓，字伯禽。周公旦长子。

④周公：周武王之弟，周成王之叔，名旦，亦称叔旦。曾辅佐成王，因采邑在周（今陕西岐山北），故称周公。相传他制礼作乐，建立典章制度，对后世影响深远。

⑤利而勿利：意为行公利而不贪私利。

⑥荆人：楚国人。

⑦索：找。

⑧老聃：即老子，姓李，名耳，字伯阳，号老聃。春秋战国时代楚苦县人，道家学派创始人。

⑨三皇五帝：传说中的上古帝王，通常，三皇指伏羲、神农、燧人；五帝指黄帝、颛（zhuān）顼（xū）、帝喾（kù）、尧、舜。

译文

天下不是某一个人的天下，而是天下人的天下。阴阳相和，不只生长一种物类。甘露时雨，不偏私一物。万民之主，不偏袒一人。伯禽将去鲁国，临行前请示治理鲁国的方法。周公说："施利给人民而不要谋取私利。"有个荆人丢了弓，却不肯去寻找，他说："荆人丢了它，反正还被荆人得到，又何必寻找呢？"孔子听到这件事，说："他的话中去掉那个'荆'字就合适了。"老聃听到以后说："再去掉那个'人'字就合适了。"像老聃选样的人，算是达到公的最高境界了。天地是多么伟大啊，生育人民而不把他们作为自己的子孙，成就万物而不占为己有。万物都承受它的恩泽，得到它的好处，然而却没有哪一个知道这些是从哪里来的。这也正是三皇五帝的品德。

原文

人之少也愚，其长也智①。故智而用私，不若愚而用公。日醉而饰服②，私利而立公，贪戾而求王③，舜弗能为。

注释

①智：聪明。

②日：每天。饰服：服饰整洁。

③贪：贪婪。戾：暴戾。王：实现王道，一统天下。

译文

人年轻的时候愚昧，岁数大了聪明。如果聪明而用私，不如愚昧而行公。天天醉醺醺的却要整饬丧纪，自私自利却要树立公正，贪婪残暴却要称王天下，即使舜也办不到。

去　私

原文

天无私覆也，地无私载也，日月无私烛也①，四时无私行也。行其德而万物得遂长焉②。

黄帝言曰③：“声禁重，色禁重，衣禁重，香禁重，味禁重，室禁重④。”

尧有子十人，不与其子而授舜；舜有子九人，不与其子而授禹⑤：至公也。

注释

①烛：此处为动词，照明。

②遂：成。

③黄帝：传说中华夏民族的始祖，上古时代的圣王。

④重：过甚。“声禁重”六句大意是，音乐、色彩、服装、香料、饮食、宫室都要适当，不要过度。但此节文字与上下文无关，全文中也无这方面论述，疑为流传中误混入的文字。

⑤尧、舜、禹：都是传说中上古时代的圣王。

译文

天覆盖万物，没有偏私；地承载万物，没有偏私，日月普照万物，没有偏私，春夏秋冬更迭交替，没有偏私。天地、日月，四季施其恩德，于是万物得以成长。黄帝说过："音乐禁止淫靡，色彩禁止眩目，衣服禁止厚热，香科禁止浓烈，饮食禁止丰美，宫室禁止高大。"尧有十个儿子，但他不把帝位传给自己的儿子而传给了舜，舜有九个儿子，但他不把帝位传给自己的儿子而传绪了禹：他们是最公正无私的了。

原文

晋平公问于祁黄羊曰①："南阳无令②，其谁可而为之？"祁黄羊对曰："解狐可③。"平公曰："解狐非子之雠邪④？"对曰："君问可，非问臣之雠也。"平公曰："善。"遂用之。国人称善焉⑤。居有间⑥，平公又问祁黄羊曰："国无尉⑦，其谁可而为之？"对曰："午可⑧。"平公曰："午非子之子邪？"对曰："君问可，非问臣之子也。"平公曰："善。"又遂用之。国人称善焉。孔子闻之曰："善哉！祁黄羊之论也，外举不避雠，内举不避子。祁黄羊可谓公矣。

注释

①晋平公：春秋时晋国国君，名彪。前557—前532年在位。祁黄羊：晋大夫，名奚，字黄羊。然据《左传·襄公三年》，祁奚荐贤的事发生在晋悼公四年。此云"平公"，误。

②南阳：古地名，在今河南获嘉一带。令：县官。

③解狐：晋大夫。

④雠（chóu）：仇敌。邪：语气词，表疑问。

⑤焉：兼有指示代词与语气词功能，相当于"于此"。

⑥居有间（jiān）：过了一段时间。

⑦尉：古代掌管军事的官吏。

⑧午：指祁午，祁黄羊的儿子。

译文

晋平公问祁黄羊说："南阳缺个县令，谁可以担任这个职务?"祁黄羊回答说："解狐可以。"平公说："解狐不是你的仇人吗?"祁黄羊回答说："您问谁可以担任这个职务，不是问谁是我的仇人。"平公称赞说："好!"就任用了解狐。国人对此都说好。过了一段时间，平公又对祁黄羊说："国家缺个军尉，谁可以担任这个职务?"祁黄羊回答说："祁午可以."平公说："祁午不是你的儿子吗?"回答说："您问谁可以担任这个职务，不是问谁是我的儿子。"平公称赞说："好!"就又任用了祁午。国人对此又都说好。孔子听说了这件事，说："祁黄羊的这些话太好了！推举外人不回避仇敌，推举家人不回避儿子。"祁黄羊可称得上公正无私了。

卷二　仲春纪

贵　生

原文

圣人深虑天下，莫贵于生。夫耳目鼻口，生之役也①。耳虽欲声②，目虽欲色，鼻虽欲芬香，口虽欲滋味，害于生则止③。在四官者不欲④，利于生者则弗为⑤。由此观之，耳目鼻口不得擅行，必有所制。譬之若官职，不得擅为，必有所制。此贵生之术也。

注释

①役：役使。

②虽：即使。

③止：禁止。

④四官：四种器官，即耳目鼻口。

⑤此句前半句疑脱“利于生者则为之，不”八字。这样较符合吕氏文风，上下文贯通。一说，“弗”字为衍文，亦可通。

译文

圣人深思熟虑天下的事，认为没有什么比生命更宝贵。耳目鼻口是受生命支配的。耳朵虽然想听乐音，眼睛虽然想看彩色，鼻子虽然想嗅芳香，嘴巴虽然想尝美味，但只要对生命有害就会被禁止。对于这四种器官来说，即使是本身不想做的，但只要有利于生命就去做。由此看来，耳目鼻口不能任意独行，必须有所制约。这就像各种职官，不得独断专行，必须要有所制约一样。这就是珍惜生命的方法。

原文

尧以天下让于子州支父[①]，子州支父对曰："以我为天子犹可也。虽然，我适有幽忧之病[②]，方将治之，未暇在天下也。"天下，重物也，而不以害其生，又况于他物乎？惟不以天下害其生者也，可以托天下[③]。

注释

①子州支父：古代贤人，姓子，名州，字支父，相传他是帝尧的老师，尧和舜都曾想把天下让给他。

②幽忧：深重的忧伤。忧，隐。

③托：托付。

译文

尧把天下让给子州支父，子州支父回答说："让我作天子还是可以的，虽是这样，我现在正害着忧劳深重的病，正要治疗，没有余暇顾及天下。"天下是最珍贵的，可是圣人不因它而危害自己的生命，又何况其它的东西呢？只有不因天下而危害自己生命的人，才可以把天下托付给他。

原文

越人三世杀其君[①]，王子搜患之[②]，逃乎丹穴[③]。越国无君，求王子搜而不得，从之丹穴。王子搜不肯出。越人薰之以艾，乘之以王舆。王子搜援绥登车[④]，仰天而呼曰："君乎！独不可以舍我乎？"王子搜非恶为君也，恶为君之患也。若王子搜者，可谓不以国伤其生矣。此固越人之所欲得而为君也。

注释

①越：古国名。春秋十四列国之一。治在会稽（今浙江绍兴）一带。三世杀其君：据《竹书纪年》载，三个被杀的越王是不寿、翳、无余。

②王子搜：越王翳之子无颛，后亦为越王，"搜"为无颛的异名。

③丹穴：采丹砂的矿井。

④援：拉。绥：车绥，上车时用来挽手的绳子。

译文

越国人连续三代杀了他们的国君，王子搜对此很忧惧，于是逃到一个山洞里。越国没有国君，找不到王子搜，一直追寻到山洞。王子搜不肯出来，越国人就用燃着的艾草熏他出来，让他乘坐国君的车。王子搜拉着登车的绳子上车，仰望上天呼喊道："国君啊，国君啊！这个职位怎么偏偏让我来干啊！"王子搜并不是厌恶作国君，而是厌恶作国君招致的祸患。像王子搜这样的人，可说是不肯因国家伤害自己生命的了。这也正是越国人想要找他作国君的原因。

原文

鲁君闻颜阖得道之人也[①]，使人以币先焉[②]。颜阖守闾[③]，鹿布之衣[④]，而自饭牛[⑤]。鲁君之使者至，颜阖自对之。使者曰："此颜阖之家邪？"颜阖对曰："此阖之家也。"使者致币，颜阖对曰："恐听缪而遗使者罪[⑥]，不若审之。"使者还反审之，复来求之，则不得已。故若颜阖者，非恶富贵也，由重生恶之也。世之人主多以富贵骄得道之人，其不相知，岂不悲哉？

注释

①鲁君：指鲁哀公。颜阖：鲁国当时的隐士。

②币：财物。

③闾（lǘ）：里门，周制二十五家为一里，里必有门，称作闾。这里指代住所。

④鹿布：粗布。鹿，通"粗"。

⑤饭牛：喂牛。

⑥缪：通"谬"，错。遗（wèi）：施加，给予。

译文

鲁国国君听说颜阖是个有道之人，想要请他出来做官，就派人带着礼物先去致意。颜阖住在陋巷，穿着粗布衣裳，自己在喂牛。鲁君的使者来了，颜阖亲自接待他。使者问："这是颜阖的家吗？"颜阖回答说："这是我的家，"使者进上礼物，颜阖说；"怕您把名字听错了而会给您带来处罚，不如搞清楚再说。"使者回去查问清楚了，再来找颜阖，却找不到了。像颜阖这样的人，并不是本来就厌恶富贵，而是由于看重生命才厌恶它。世上的君主，大多凭借富贵傲视有道之人，他们如此地不了解有道之人，难道不太可悲了吗？

原文

故曰：道之真，以持身；其绪余[①]，以为国家；其土苴[②]，以治天下。由此观之，帝王之功，圣人之余事也，非所以完身养生之道也。今世俗之君子，危身弃生以徇物[③]，彼且奚以此之也？彼且奚以此为也？凡圣人之动作也，必察其所以之与其所以为。今有人于此，以随侯之珠弹千仞之雀[④]，世必笑之。是何也？所用重，所要轻也。夫生，岂特随侯珠之重也。哉！

注释

①绪余：指事物的残余或主体之外不必重视的事物，引申为剩余精力。

②土苴（jū）：渣滓，比喻生命微贱的东西，犹如土芥。

③徇：通"殉"，指为外物而牺牲生命。

④随侯之珠：传说中大蛇报恩送给随侯的宝珠。随，古国名。

译文

所以说：道的实体用来保全身体，它的剩余用来治理国家，它的渣滓用来治理天下。由此看来，帝王的功业是圣人闲暇之余的事，并不是用以全身养生的方法。如今世俗所谓的君子损害身体舍弃生命来追求外物，他们这样做将达到什么目的呢？他们又将采用什么手段达到目的呢？大凡圣人有所举动的时候，必定明确知道所要达到的目的和达到目的所应采用的手段。假如有这样一个人，用随侯之珠去弹射千仞高的飞鸟，世上的人肯定会嘲笑他。这是为什么呢？这是因为他所耗费的太贵重，所追求的太轻微了啊。至于生命，其价值岂止像随侯珠那样贵重呢？

情 欲

原文

天生人而使有贪有欲。欲有情，情有节①。圣人修节以止欲②，故不过行其情也。故耳之欲五声，目之欲五色，口之欲五味，情也。此三者，贵贱、愚智、贤不肖欲之若一，虽神农、黄帝③，其与桀、纣同④。圣人之所以异者，得其情也。由贵生动，则得其情矣；不由贵生动，则失其情矣。此二者，死生存亡之本也。

注释

①节：节制。

②修节：修明适宜之情。止欲：控制情欲。止，当作“制”。

③神农：即炎帝烈山氏。黄帝：号轩辕氏、有熊氏。均为传说中的三皇之一，古人尊他们为圣王。

④桀：夏朝末代君主。纣：殷商末代君主。桀、纣均为暴君的典型。

译文

天生育人而使人有贪心有欲望。欲望产生感情，感情具有节度。圣人遵循节度以克制欲望，所以不会放纵自己的感情。耳朵想听乐音，眼睛想看彩色，嘴巴想吃美味，这些都是情欲。这三方面，人们无论是高贵的，还是卑贱的，愚笨的，还是聪明的、贤明的，还是不肖的，欲望都是同样的。即使是神农，黄帝。他们的情欲也跟夏桀、商纣相同。圣人之所以不同于一般人，是由于他们具有适度的盛情。从尊生出发，就会具备适度的感情，不从尊生出发，就会失掉适度的感情。这两种情况是决定死生存亡的根本。

原文

古人得道者，生以寿长，声色滋味，能久乐之，奚故？论早定也①。论早定则知早啬②，知早啬则精不竭。秋早寒则冬必暖矣，春多雨则夏必旱矣。天地不能两，而况于人类乎？人之与天地也同。万物之形虽异，其情一体也。故古之治身与天下者，必法天地也③。尊④，酌者众则速尽。万物之酌大贵之生者众矣，故大贵之生常速尽。非徒万物酌之也，又损其生以资天下之人，而终不自知。功虽成乎外，而生亏乎内。耳不可以听，目不可以视，口不可以食，胸中大扰，妄言想见⑤，临死之上，颠倒惊惧⑥，不知所为。用心如此，岂不悲哉？

注释

①论：这里指尊生的理念。

②啬：爱惜，珍惜。

③法：取法，效法。

④尊：通“樽”，酒杯，此处借指酒。

⑤妄言：指病重神昏时的呓语。想见：幻觉。

⑥颠倒惊惧：指神经错乱而惊恐之状。

译文

古代的得道之人，生命得以长寿，乐音、彩色、美味能长久地享受，这是什么缘故？这是由于尊生的信念早就确立的缘故啊！尊生的信念早确立，就可以知道早爱惜生命，知道早爱惜生命，精神就不会衰竭。秋天早寒，冬天就必定温暖，春天多雨，夏天就必定干旱。天地尚且不能两全，又何况人类呢？在这一点上人跟天地相同。万物形状虽然各异，但它们的性情是一样的。所以，古代修养身心与治理天下的人一定效法天地。酒樽中的酒，舀的人多，完的就快。万物消耗君主生命的太多了，所以君主的生命常常很快耗尽。不仅万物消耗它，君主自己又损耗它亲为天下人操劳，而自己却始终不察觉。在外虽然功成名就，可是自身生命却已损耗。以至耳不能听，眼不能看，嘴不能吃，心中大乱，口说胡话，精神恍忽，临死之前，神经错乱，惊恐万状，行动失常。耗费心力到了这个地步，难道不可悲吗？

原文

世人之事君者，皆以孙叔敖之遇荆庄王为幸①。自有道者论之则不然，此荆国之幸。荆庄王好周游田猎，驰骋弋射，欢乐无遗，尽傅其境内之劳与诸侯之忧于孙叔敖。孙叔敖日夜不息，不得以便生为故②，故使庄王功迹著乎竹帛，传乎后世。

注释

①孙叔敖：人名，数次担任楚国令尹。荆庄王：即楚庄王，春秋时楚国国君，姓芈，名旅。前613—前591年在位，为春秋五霸之一。

②便生：有利于身心健康。故：事。

译文

世上侍奉君主的人都把孙叔敖受到楚庄王的赏识看作是幸运的事。但是由有道之人来评论却不是这样。他们认为这是楚国的幸运。楚庄王喜好四处游玩打措，跑马射箭，欢乐无余，而把治国的辛苦和作诸侯的忧劳都推给了孙叔敖。孙叔敖日夜操劳不止，无法顾及养生之事。正因为这样，才使楚庄王的功绩载于史册，流传于后代。

功　名

原文

由其道，功名之不可得逃，犹表之与影①，若呼之与响②。善钓者，出鱼乎十仞之下③，饵香也；善弋者④，下鸟乎百仞之上，弓良也；善为君者，蛮夷反舌殊俗异习皆服之⑤，德厚也。水泉深则鱼鳖归之，树木盛则飞鸟归之，庶草茂则禽兽归之⑥，人主贤则豪杰归之。故圣王不务归之者⑦，而务其所以归⑧。

注释

①表：表木，古代测日影、定时间所立的标竿。

②呼：喊声。响：回声。

③仞：古代长度单位。古以七尺为一仞。

④弋：带有绳子的箭。这里是用弋射。

⑤蛮夷：古代称南方民族为蛮，东方民族为夷。这里泛指中原华夏民族以外的四方民族。反舌：指这些民族语音与中原不同。

⑥庶草：众草，百草。

⑦务：致力，专力从事。

⑧所以归：使……归附的条件。

译文

道循一定的途径猎取功名，功名就无法逃脱，正像日影无法摆脱测日影用的标竿，回声必然伴随呼声一样。善于钓鱼的人能把鱼从十仞深的水下钓出来，这是由于钓饵香美的缘故，善于射猎的人能把鸟从百仞高的空中射下来，这是由于弓好的缘故；善于作君主的人能够使四方各族归顺他，这是由于恩德崇厚的缘故。水泉很深，鱼鳖就会游向那里，树木繁盛，飞鸟就会飞向那里，百草茂密，禽兽就会奔向那里，君主贤明，豪杰就会归依他。所以，圣明的君主不勉强使人们归依，而是尽力创造使人们归依的条件。

原文

强令之笑不乐①，强令之哭不悲。强令之为道也，可以成小②，而不可以成大③。

注释

①强令：硬性命令。

②小：这里指虚名。高诱注："虚小实大。"③大：大业。

译文

强制出来的笑不快乐，强制出来的哭不悲哀，强制命令这种作法只可以成就虚名，而不能成就大业。

原文

大寒既致，民暖是利①；大热在上，民清是走②。故民无常处，见利之聚③，无之去④。欲为天子，民之所走，不可不察。今之世，至寒矣，至热矣，而民无走者，取则行钧也⑤。欲为天子，所以示民，不可不异也。行不异乱，虽信令⑥，民犹无走。民无走，则王者废矣，暴君幸矣，民绝望矣。故当今之世，有仁人在焉，不可而不此务；有贤主，不可而不此事。

注释

①民暖是利：宾语前置，即"民利暖"。百姓追求温暖。利，用作动词。

②民清是走：即"民走清"。清，凉爽。走，奔向。

③见利之聚：聚于见利之处。

④无之去：等于说"无利之去"。

⑤钧：通"均"。

⑥信：通"伸"。

译文

严寒到了，人民就追求温暖；酷暑当头，人民就奔向清凉之地。因此，人民没有固定的居处，他们总是聚集在可以看到利益的地方，离开那些没有利益的地方。想要作天子的，对于人民奔走的缘因不可不仔细察辨。如今的人世，寒冷到极点了，炎热到极点了，而人民之所以不奔向谁，是由于天下君主所作所为都是同样的坏啊！所以，想作天子的人，他显示给人民的不可不如此有区别，如果君主的言行与暴乱之君没有什么不同，那么即使下命令，人民也不会趋附他。如果人民不趋附谁。那么，成就王业的人就不会出现，暴君就庆幸了，人民就绝望了。所以，在今天的世上如果有仁义之人在，不可不勉力从事这件事，如果有贤明的君主在，不可不致力于这件事。

原文

贤、不肖，不可以不相分，若命之不可易①，若美恶之不可移。桀、纣贵为天子，富有天下，能尽害天下之民，而不能得贤名之。关龙逢、王子比干能以要领之死争其上之过②，而不能与之贤名。名固不可以相分，必由其理。

注释

①命：命运。易：改变。

②关龙逢：夏桀之臣。传说夏桀暴虐无道，关龙逢极力劝谏，为桀所杀。王子比干：殷纣的庶兄（一说叔父）。传说纣荒淫暴虐，比干犯颜强谏，被纣剖心而死。要：古“腰”，字。领：脖子。争：诤谏。这个意义后来写作“诤”。

译文

贤明的名声与不肖的名声全由自己的言行而定，不能由别人给予，这就像命运不可更改，美恶不可移易一样。桀纣贵为天子，富有天下，能遍害天下的人，但是却不能为自己博得一个好名声。关龙逢、王子比干能以死谏诤其君的过错，却不能给他们争得好名声。名声本来就不能由别人给予，它只能遵循一定的途径获得。

卷三　季春纪

尽　数

原文

天生阴阳、寒暑、燥湿、四时之化、万物之变，莫不为利，莫不为害。圣人察阴阳之宜，辨万物之利以便生①，故精神安乎形②，而年寿得长焉。长也者，非短而续之也，毕其数也③。毕数之务④，在乎去害⑤。何谓去害？大甘、大酸、大苦、大辛、大咸⑥，五者充形则生害矣⑦。大喜、大怒、大忧、大恐、大哀，五者接神则生害矣⑧。大寒、大热、大燥、大湿、大风、大霖、大雾⑨，七者动精则生害矣⑩。故凡养生，莫若知本，知本则疾无由至矣。

注释

①便生：给生命带来好处。便，利。

②安：安守。

③毕：尽。数：寿数，人的自然寿命。

④务：要务。

⑤乎：于。去：避开。

⑥大：指过度，超过正常限度。辛：辣。

⑦充：塞。形：形体。是与文中“精”“神”等相对的概念。

⑧接神：与精神交接。

⑨霖：霖雨。连下数日的大雨。

⑩精：指人内在的精气。

译文

天生出阴阳，寒暑、燥湿、以及四时的更替、万物的变化，没有一样不给人带来益处，也没有一样不对人产生危害。圣人能洞察阴阳变化的合宜之处，能辨析万物的有利一面，以利于生命，因此，精、神安守在形体之中，寿命能够长久。所谓长久，不是说寿命本来短而使它延长，而是使寿命终其天年。终其天年的关键在于避开危害。什么叫避开危害？过甜、过酸、过苦、过辣，过咸，这五种东西充满形体，那么生命就受到危害了。过喜、过怒、过忧、过恐、过哀，这五种东西和精神交接，那么生命就受到危害了。过冷、过热、过燥、过湿、过多的风、过多的雨、过多的雾，这七种东西摇动人的精气，那么生命就受到危害了。所以，凡是养生，没有比懂得这个根本再重要的了，懂得了根本，疾病就无从产生了。

原文

流水不腐，户枢不蝼①，动也。形气亦然②。形不动则精不流，精不流则气郁③。郁处头则为肿、为风④，郁处耳则为挶、为聋⑤，处目则为䁾䁾⑥、为盲，处鼻则为鼽、为窒⑦，处腹则为张、为疛⑧，处足则为痿、为蹶⑨。

注释

①户枢（shū）：门扇的转轴。蝼（lóu）：蝼蛄，这里用作动词，指生虫蛀蚀。

②形：形体。气：精气。

③郁：郁结、滞积。

④处：在。

⑤挶（jiē）：耳病。

⑥䁾（miè）：眼眶红肿。

⑦鼽（qiú）、窒：都是指鼻道堵塞不通。

⑧张、疛（zhǒu）：都是腹部疾病。

⑨痿、蹶：都是脚病。

译文

流动的水不会腐恶发臭，转动的门轴不会生虫朽烂，这是由于不断运动的缘故。人的形体、精气也是这样。形体不活动，体内的精气就不运行，精气不运行，气就滞积。滞积在头部就造成肿病、风疾，滞积在耳部就造成挶疾、聋疾，滞积在眼部就造成䁾疾、盲疾，滞积在鼻部就造成鼽疾，窒疾，滞积在腹部就超成胀疾、疛疾，滞积在脚部就造成痿疾、蹶疾。

原文

凡食，无强厚味[1]，无以烈味重酒[2]，是以谓之疾首[3]。食能以时，身必无灾。凡食之道，无饥无饱，是之谓五藏之葆[4]。口必甘味，和精端容，将之以神气[5]，百节虞欢[6]，咸进受气[7]。饮必小咽，端直无戾[8]。

注释

①强厚：具有浓烈厚味的食物。

②烈、重：均为浓烈的意思。

③疾首：导致疾病的开端。

④五藏：即五脏，指心、肝、脾、肺、肾。葆：安。

⑤将：养。神气：即精气。

⑥百节：周身关节。本书《达郁》篇说：“凡人三百六十节。”称“百节”盖约数。虞：舒适。

⑦咸：都。受气：受到精气的滋养。

⑧戾：乖戾，这里是扭转的意思。

译文

凡饮食，不要滋味过浓，不吃厚味，不饮烈酒，它是招致疾病的开端。饮食能有节制，身体必然没灾没病。饮食的原则，要保持不饥不饱的状态，这样五脏就能得到安适。一定要吃可口的食物，进食的时候，要精神和谐，仪容端正，用精气将养，这样，周身就舒适愉快，都受到了精气的滋养。饮食一定小口下咽，坐要端正，不要歪斜。

原文

今世上卜筮祷祠①，故疾病愈来。譬之若射者，射而不中，反修于招②，何益于中？夫以汤止沸③，沸愈不止，去其火则止矣。故巫医毒药④，逐除治之，故古之人贱之也，为其末也。

注释

①上：通“尚”，崇尚。卜筮：古代预测吉凶的两种方法，卜用龟甲，筮用蓍草。祷祠：古代祈神求福的两种仪式，祈神求福叫祷，得福后祭神报谢叫祠。

②招：箭靶子。

③汤：热水。

④毒药：这里指治病的药物，其味多苦辛，故称毒药。

译文

如今社会上崇尚占卜祈祷，所以疾病反而愈增。这就像射箭的人，射箭没有射中箭靶，不纠正自己的毛病，反而去修正箭靶的位置，这对射中箭靶能有什么帮助？用滚开的水阻止水的沸腾，沸腾越发不能阻止，撤去下面的火，沸腾自然就止住了。巫医、药物其作用只能驱鬼治病，所以古人轻视这些东西。因为这些东西对于养生来说只是细技末节啊！

先己

原文

汤问于伊尹曰①：“欲取天下②，若何？”伊尹对曰：“欲取天下，天下不可取；可取，身将先取。”凡事之本，必先治身，啬其大宝③。用其新，弃其陈④，腠理遂通⑤。精气日新，邪气尽去，及其天年⑥。此之谓真人⑦。

注释

①汤：商汤，商朝开国之君。伊尹：商初大臣，名伊，尹是官名。传说他是奴隶出身，后助汤灭桀，居于显位。

②取：治。

③啬：爱惜。大宝：自身。

④用其新，弃其陈：即“吐故纳新”。

⑤腠（còu）理：中医指皮肤、肌肉的纹理和皮下肌肉之间的空隙。

⑥天年：自然的寿命。

⑦真人：道家称修炼得道或成仙的人。

译文

汤问伊尹说：“要治理天下，该怎么办？”伊尹回答说：“一心只想治理天下，天下不可能治理好；如果说天下可以治理好的话，那首先要端正修养自身。”大凡做事的根本，一定要首先修养自身，爱惜自己的身体。不断吐故纳新，肌理就会保持畅通。精气日益增长，邪气完全除去，就会终其天年。这样的人叫作“真人”。

原文

昔者先圣王，成其身而天下成，治其身而天下治。故善响者不于响于声①，善影者不于影于形，为天下者不于天下于身。《诗》曰②：“淑人君子③，其仪不忒④。其仪不忒，正是四国。”言正诸身也⑤。故反其道而身善矣⑥；行义则人善矣；乐备君道而百官已治矣⑦，万民已利矣。三者之成也，在于无为⑧。无为之道曰胜天⑨，义曰利身，君曰勿身⑩。勿身督听⑪，利身平静，胜天顺性。顺性则聪明寿长，平静则业进乐乡⑫，督听则奸塞不皇⑬。

注释

①响：回声。

②《诗》：指《诗经·曹风·鸤鸠》。

③淑人：善良的人。

④仪：仪容。忒（tè）：差错。

⑤正：使……正。

⑥反：通“返”。

⑦备：通“服”，实施。

⑧无为：道家主张清静无为，顺应自然。

⑨胜天：听任天道，顺从自然。

⑩勿身：指凡事不亲自去做。

⑪督听：正听，不偏听。

⑫乡：通“向”，趋向。

⑬奸塞不皇：奸佞之道阻塞，因而不会惶惑不安之意。皇，通“惶”，惶惑。

译文

过去，先代圣王修养自身，治理天下的大业自然成就，端正自身，天下自然太平安定。所以，改善回声的，不致力于回声，而在于改善产生回声的声音。改善影子的，不致力于影子，而在于改善产生影子的形体，治理天下的，不致力于天下，而在于修养自身。《诗》中说：“那个善人君子，他的仪容很端庄，给这四方各国做出榜样。”这说的正是端正修养自身啊。

原文

故上失其道，则边侵于敌；内失其行，名声堕于外。是故百仞之松，本伤于下而末槁于上①；商、周之国，谋失于胸，令困于彼②。故心得而听得，听得而事得，事得而功名得。五帝先道而后德③，故德莫盛焉；三王先教而后杀④，故事莫功焉⑤；五伯先事而后兵⑥，故兵莫强焉。当今之世，巧谋并行，诈术递用⑦，攻战不休，亡国辱主愈众，所事者末也⑧。

注释

①槁：枯干。

②令：政令。

③五帝：传说中的古代帝王，即黄帝、颛顼、帝喾、尧、舜。

④三王：指夏、商、周三代的开国之君，夏禹、商汤、周武。

⑤故：所以。事：事业。莫功焉：意为没有不成功的。焉，兼有指示代词与语气词功能。

⑥五伯：春秋五霸，即齐桓公、晋文公、秦穆公、宋襄公、楚庄王。

⑦递：更迭，一个接一个。

⑧末：细枝末节。

译文

因此，回心向道，自身就可以达到美好的境界了。行为合宜，就会受到他人的称赞了，乐施君道，百官就能治理好了，万民就能获得好处了。这三方面的成功，都在于实现无为。无为之道就是听任天道，无为之义就是要修养自身，无为之君就是凡事不亲自去做。不亲自去做就不会偏听，修养自身就会平和清静，听任天道就会顺应天性。顺应天性就会聪明、长寿；平和清静就会事业发展，百姓乐于归依，不偏听就会奸邪闭塞，不至惶惑。

原文

夏后伯启与有扈战于甘泽而不胜[①]。六卿请复之[②]，夏后伯启曰："不可。吾地不浅[③]，吾民不寡，战而不胜，是吾德薄而教不善也。"于是乎处不重席[④]，食不贰味[⑤]，琴瑟不张[⑥]，钟鼓不修[⑦]，子女不饬[⑧]，亲亲长长，尊贤使能。期年而有扈氏服[⑨]。故欲胜人者，必先自胜[⑩]；欲论人者，必先自论；欲知人者，必先自知。

注释

①夏后伯启：即夏启，禹的儿子。禹死，继王位。后，君主。有扈：

古国名。故址在今陕西户县。甘泽：古地名。

②六卿：指统军执政大臣。

③浅：狭小。

④处：居处。重席：两层席。

⑤贰味：多种菜肴和味道。

⑥张：陈设。

⑦修：整治。

⑧饬：通“饰”，修饰打扮。

⑨期年：满一周年。

⑩自胜：克服自己，等于说“胜自”。

译文

夏君启同有扈氏在甘泽交战，没有取胜。六卿请求再战，夏君启说：“不行。我的土地并不小，我的人民也不少，但同有扈氏交战却没能取胜，这是由于我的恩德太少，教化不好的缘故啊！”于是夏君启居处不用两层席，吃饭不吃多种菜，琴瑟不设，钟鼓不列，子女不修饰打扮，亲近亲族，敬爱长者，尊重贤人，任用能士。一年之后，有扈氏就归服了。因此，想要制服别人的，一定先要克制自己，想要评论别人的，一定先要评论自己，想要了解别人的，一定先要了解自己。

原文

《诗》曰①：“执辔如组②。”孔子曰：“审此言也③，可以为天下。”子贡曰④：“何其躁也⑤！”孔子曰：“非谓其躁也，谓其为之于此，而成文于彼也⑥。”圣人组修其身而成文于天下矣⑦。故子华子曰⑧：“丘陵成而穴者安矣⑨，大水深渊成而鱼鳖安矣，松柏成而涂之人已荫矣⑩。”

注释

①《诗》：指《诗经·邶风·简兮》《诗经·郑风·大叔于田》。

②执辔（pèi）如组：拉着缰绳不摆动，像编织起来的一样。辔，驾驭马的缰绳。

③审：细查。

④子贡：孔子最得意弟子之一。

⑤躁：急躁。

⑥成文：比喻大业完成。

⑦组修其身：像编织花纹一样修养自身。

⑧子华子：相传战国时魏国人，与韩昭釐侯同时，属道家人物。

⑨穴者：穴居的动物。

⑩荫：遮荫。

译文

《诗》中说；“手执缰绳驭马如同编织花纹一样。”孔子说：“明悉这句话的含义，就可以治理天下了。”子贡说：“照《诗》中所说的去做，举止太急躁了吧！”孔子说：“这句诗不是说驭者动作急躁，而是说丝线在手中编织，而花纹却在手外成形。”圣人修养自身，而大业成就于天下。所以子华子说：“丘陵生成了，穴居的动物就安身，大水深渊生成了，鱼鳖就安身了；松柏茂盛了，行路的人就在树荫下歇息了。”

原文

孔子见鲁哀公①，哀公曰：“有语寡人曰②：‘为国家者，为之堂上而已矣。’寡人以为迂言也③。”孔子曰：“此非迂言也。丘闻之，得之于身者得之人，失之于身者失之人。不出于门户而天下治者④，其惟知反于已身者乎！”

注释

①鲁哀公：春秋时鲁国国君，名蒋，鲁定公之子。

②语（yù）：告诉。

③迂：迂远，不切实际。

④门户：单扇的门叫户，双扇叫门。这里连用，泛指门。

译文

孔子谒见鲁哀公，哀公说："有人告诉我说：'治理国家的人，在朝堂之上治理就行了。'我认为这是迂阔之言。"孔子说："这不是迂阔之言。我听说，在自身有所得的人，在别人那里也会有所得，在自身有所失的人，在别人那里也会有所失。不出门却把天下治理得很好，这恐怕只有懂得自身修养的国君才能做到吧！"

论 人

原文

主道约①，君守近②。太上反诸己③，其次求诸人。其索之弥远者④，其推之弥疏⑤；其求之弥强者⑥，失之弥远。

注释

①主：君主。约：简约、简单。与"无为"思想相通。

②守：操守，指所遵守、奉行的原则。

③太：上。

④索：寻求。之：代上文"主道"、"君守"。弥：更加。

⑤疏：远。

⑥强：用力。

译文

做君主的方法很简单，君主要奉行的原则就在近旁。最高的是向自身求得，其次是向别人寻求。越向远处寻求的，离开它就越远，寻求它越花力气的，失掉它就越远。

原文

何谓反诸己也？适耳目，节嗜欲，释智谋①，去巧故②，而游意乎无穷之次[3]，事心乎自然之涂[4]。若此则无以害其天矣[5]。无以害其天则知精[6]，知精则知神[7]，知神之谓得一[8]。凡彼万形，得一后成。故知一，则应物变化，阔大渊深，不可测也；德行昭美⑨，比于日月⑩，不可息也，豪士时之[11]，远方来宾[12]，不可塞也；意气宣通[13]，无所束缚，不可收也[14]。故知知一，则复归于朴[15]，嗜欲易足，取养节薄[16]，不可得也[17]；离世自乐，中情洁白，不可量也[18]；威不能惧，严不能恐，不可服也。故知知一，则可动作当务[19]，与时周旋，不可极也；举错以数[20]，取与遵理，不可惑也；言无遗者，集肌肤[21]，不可革也[22]。谗人困穷，贤者遂兴，不可匿也。故知知一，则若天地然，则何事之不胜[23]？何物之不应[24]？譬之若御者，反诸己，则车轻马利[25]，致远复食而不倦。昔上世之亡主，以罪为在人，故日杀僇而不止[26]，以至于亡而不悟。三代之兴王[27]，以罪为在己，故日功而不衰[28]，以至于王。

注释

①释：舍弃。

②巧故：伪诈。

③无穷之次：指无限的空间，即道家所推崇的虚无境界。次，泛指所在之处。

④事：相当于“立”。自然之涂：无为的境界。自然，天然。涂，同“途”，路。

⑤天：指身心。

⑥精：精微。

⑦神：指事理的玄妙。

⑧一：指道。道家把“一”看做数之始，物之极，故称“一”为道。

⑨昭：明亮，光明。

⑩比：并列。

⑪时：随时。之：至。

⑫宾：归顺。

⑬意气：精神、元气。宣：疏通。

⑭收：守，禁锢。

⑮朴：指本性。

⑯养：养生之物。节：节制。薄：少。

⑰得：被人占有、支配。

⑱量，当是“墨”字，染黑。

⑲当务：与事合宜。

⑳错：通“措”，安放。数：理数。

㉑集肌肤：与肌肤相接为人所感受。集，通“接”。

㉒革：改变。

㉓胜：任。

㉔应：相应，适合。

㉕利：疾，快。

㉖僇：通“戮”，杀戮。

㉗三代：指禹、汤、文王。

㉘功：建立功业。

译文

什么叫向自身求得呢？使耳目适度，节制嗜好欲望，放弃智巧计谋，摒除虚浮伪诈，让自己的意识在无限的空间中遨游，让自己的思想立于无为的境界。像这样，就没有什么可以危害自己的身心了。没有什么危害自己的身心，就能略知道事物的精微，知道事物的精微，就能够懂得事理的玄妙，懂得事理的玄妙就叫作得道。那万物，得道而后才能生成。所以，懂得得道的道理，就会适应事物的变化，博大精深，不可测度，德行就会彰明美好，与日月并列，不可熄灭。豪杰贤士就会随时到来，从远方来归，不可遏止；精神、元气就会畅通，无所束缚，不可持守。所以懂得得道的道理，就会重新返朴归真，嗜欲容易满足，所取养身之物少而有节制，不可支配，就会超脱世俗，怡然自乐，内心洁白，不可污染，就会威武不能使他恐惧，严厉不能使他害怕，不可屈服。所以懂得得道的道理，就会举动与事合宜，随着时势应酬交际，不可困窘，就会举止依照礼数，取与遵循事理，不可迷乱，就会言无过失，感于肌肤，不可改变，就会奸人窘困，贤者显达，不可隐匿。所以懂得得道的道理，就会像天地一样，那么，什么事情不能胜任？什么事情不能得当？这就像驾驭马车的人，反躬自求，就会车轻马快，即使跑很远的路再吃饭，中途也不会疲倦。过去，古代亡国的君主认为罪在别人，所以每天杀戮不停，以至于亡国仍不醒悟。夏、商、周三代兴旺发达的君王，认为罪在自己，所以每天勤于功业，从不松懈，以至于成就了王者大业。

原文

何谓求诸人？人同类而智殊，贤不肖异，皆巧言辩辞以自防御，此不肖主之所以乱也。凡论人，通则观其所礼①，贵则观其所进②，富则观其所养，听则观其所行，止则观其所好，习则观其所言，穷则观其所不受，贱则观其所不为。喜之以验其守③，乐之以验其僻，怒之以验其节，惧之以验其特④，哀之以验其人⑤，苦之以验其志。八观六验⑥，此贤主之所以论人也。论人者，又必以六戚四隐⑦。何谓六戚？父、母、兄、弟、妻、子。何为四隐？交友、故旧、邑里、门郭⑧。内则用六戚四隐，外则用八观六验，人之情伪、贪鄙、美恶无所失矣。譬之若逃雨污，无之而非是⑨。此先圣王之所以知人也。

注释

①通：通达，处于顺境。

②进：举荐。

③喜：使……高兴。

④特：出众，卓异。

⑤人：通“仁”。

⑥八观六验：指上文所述八种观察人，六种检验人的方法。

⑦四隐：四种亲近的人。隐，私。

⑧邑里：同乡，乡亲、邻居。门郭：即门郎，这里指亲信。

⑨譬之若逃雨污，无之而非是：意为譬如避雨，所往之处无一处没有雨水，无法逃避。之，往。

译文

什么叫向别人寻求？人同类而智慧不同，贤与不肖相异。人们都用花言巧语来替自己防范，这是昏君惑乱的缘故。大凡衡量、评定人：如果他显达，就观察他礼遇的都是什么人；如果他尊贵，就观察他举荐的都是什么人；如果他富有，就观察能赡养的都是什么人；如果他听言，就观察他采纳的都是什么人；如果他闲居在家，就观察他喜好的都是什么；如果他学习，就观察他说的都是什么；如果他困窘，就观察他不接受的都是什么，如果他贫贱，就观察他不做的都是什么。使他高兴，借以检验他的节操，使他快乐，借以检验他的邪念；使他发怒，借以检验他的气度；使他恐惧，借以检验他卓异的品行；使他悲哀，借以检验他的仁爱之心；使他困苦，借以检验他的意志。以上八种观察和六项检验，就是贤明的君主用以衡量、评定人的方法。衡量、评定别人又一定用六戚、四隐。什么叫六戚？即父、母、兄、弟、妻，子六种亲属。什么叫四隐？即朋友、熟人、乡邻。亲信四种亲近的人。在内凭着六戚、四隐，在外凭着八观、六验，这样人们的真伪、贪鄙、美恶就能完全知晓，没有遗漏。就像是避雨一样，所往之处无一处没有雨水，无所逃避。这就是先代圣王用以识别人的方法。

卷四　孟夏纪

劝　学

原文

先王之教，莫荣于孝，莫显于忠。忠孝，人君人亲之所甚欲也①；显荣，人子人臣之所甚愿也。然而人君人亲不得其所欲，人子人臣不得其所愿，此生于不知理义②。不知义理，生于不学③。

注释

①人亲：指父母。

②理义：君臣、父子应知的做人的基本道理。高诱注："不知理义，在君父则不仁不慈，在臣子则不忠不孝。不忠不孝，故君父不得其所欲也；不仁不慈，故臣子不得其所愿也。"

③生：出。

译文

先王的政教中，没有什么比孝更荣耀的了，没有什么比忠更显达的了。忠孝是作君主、父母的十分希望得到的东西，显荣是作子女、臣下的十分愿意获得的东西。然而，做君主、父母的却得不到他们所希望的忠孝，做子女、臣下的却得不到他们所向往的显荣，这是由子女不懂得理义造成的。不懂得理义，是由于不学习的缘故。

原文

学者师达而有材①，吾未知其不为圣人。圣人之所在，则天下理焉②。

在右则右重，在左则左重③，是故古之圣王未有不尊师者也。尊师则不论其贵贱贫富矣。若此则名号显矣，德行彰矣。

注释

①学者师：学者的老师。达：通达，博学。

②理：指政治清明。

③重：尊。

译文

从师学习的人，如果他的老师通达而自己又有才能，我没听说过这样的人不成为圣人的。只要有圣人在，天下就太平安定了。圣人在这个地方，这个地方就受到尊重，圣人在那个地方，那个地方就受到尊重，因此古代的圣王没有不尊重老师的。尊重老师就不会计较他们的贵贱、贫富了。像这样，名号就显达了，德行就彰明了。

原文

故师之教也，不争轻重尊卑贫富①，而争于道。其人苟可，其事无不可。所求尽得，所欲尽成，此生于得圣人。圣人生于疾学②。不疾学而能为魁士名人者③，未之尝有也。

注释

①争：计较。

②疾：努力、尽力。

③魁士名人：贤能之人。魁、名，均为大之意。

译文

所以，老师施行教诲的时候，也不计较学生的轻重、尊卑、贫富，而看重他们是否能接受理义。他们倘若能够接受理义，对他们的教诲就会无不合宜。所追求的完全都能得到，所希望的完全都能实现，这种情况在得到圣人之后才会发生。圣人是在努力学习中产生的，不努力学习而能成为贤士名人的，未曾有过。

原文

疾学在于尊师。师尊则言信矣①，道论矣②。故往教者不化③，召师者不化④；自卑者不听⑤，卑师者不听⑥。师操不化不听之术，而以强教之⑦，欲道之行、身之尊也，不亦远乎？学者处不化不听之势，而以自行，欲名之显、身之安也，是怀腐而欲香也⑧，是入水而恶濡也⑨。

注释

①信：信任，这里指被人信任。

②论：这里指被人称述而传播。

③往教者：应召去做老师的人。不化：不能教育、感化别人。

④召师者：呼唤老师来教的人。不化：这里指不能受到别人教化。

⑤自卑者：指自卑的老师。不听：指不被人听从。

⑥卑师者：瞧不起老师的人。不听：不会听从。

⑦强：勉强。

⑧腐：腐臭的物质。

⑨濡（rú）：沾湿。

译文

努力学习关键在于尊重老师。老师受到尊重，言语就会被人信从，道义就会被人称述而彰明了。因此，应召去教的老师不可能教化他人，呼唤老师来教的人不可能受到教化，自卑的老师不会被人听信，轻视老师的人不会听从教诲。老师如果采用不可能教化他人、不会被人听信的方法去勉强教育人，尽管想使自己的道义得以施行，使自身得以尊贵，不也差得太远了吗？从师学习的人处于不可能受到教化、不会听从教诲的地位，自己随意行事，尽管想使自己名声显赫，自身平安，这就如怀揣腐臭的东西却希望芳香，进入水中却厌恶沾湿一样，怎么可能办得到呢？

原文

凡说者[①]，兑之也[②]，非说之也。今世之说者，多弗能兑，而反说之。夫弗能兑而反说，是拯溺而硾之以石也[③]，是救病而饮之以堇也[④]。使世益乱，不肖主重惑者[⑤]，从此生矣。故为师之务，在于胜理[⑥]，在于行义。理胜义立则位尊矣，王公大人弗敢骄也，上至于天子，朝之而不惭。凡遇，合也[⑦]，合不可必[⑧]。遗理释义[⑨]，以要不可必[⑩]，而欲人之尊之也，不亦难乎？故师必胜理行义然后尊。

注释

①说：说教。

②兑：通“悦”。

③拯溺：救落水的人。硾（zhuì）：使物体下沉。

④堇（jǐn）：一种有毒的草。

⑤不肖：不才，不贤。重：深，甚。

⑥胜理：依循事理。

⑦合：和洽。

⑧必：一定实现。

⑨遗：弃。

⑩要：求。

译文

凡说教，应该使对方心情舒畅，而不是硬性说教。如今世上说教的人，大多不能使对方心情舒畅，却反去硬性说教。不能使对方心情舒畅，反去硬性说教，这就如同拯救溺水的人却用石头让他沉下去，如同治病却给病人喝下毒药一样，只会适得其反。社会越发混乱，不肖的君主越发昏乱就都由此产生了。

原文

曾子曰[①]：“君子行于道路，其有父者可知也，其有师者可知也。夫无父而无师者，余若夫何哉！”此言事师之犹事父也。曾点使曾参②，过期而不至，人皆见曾点曰：“无乃畏邪③？”曾点曰：“彼虽畏，我存，夫安敢畏？”孔子畏于匡④，颜渊后⑤，孔子曰：“吾以汝为死矣。”颜渊曰：“子在，回何敢死？”颜回之于孔子也，犹曾参之事父也。古之贤者与⑥，其尊师若此，故师尽智竭道以教。

注释

①曾子：曾参，孔子弟子。

②曾点：曾参的父亲，字皙，孔子弟子。

③畏：这里是“死了”的意思。

④畏：通“围”。匡：古陈国地名。孔子畏于匡。事见前497年，孔子去卫适陈，在经过匡地（今河南长垣境内）时，被误认为是阳虎，而遭到围困。

⑤颜渊：名回，字子渊，孔子弟子。

⑥与：语气词，表停顿。

译文

曾子说：“君子在道路上行走，其中父亲还在的可以看出来，其中有老师的也可以看出来。对那些父亲，老师都不在的，其他人又能怎么样呢？曾点派他的儿子曾参外出，过了约定的日期却没有回来，人们都来看望曾点说：“怕不是遇难了吧。”曾点说：“即使他要死，我还活着，他怎么敢自己不小心遭祸而死！”孔子被囚禁在匡地，颜渊最后才到，孔子说：“我以为你死了。”颜渊说，“您还活着，我怎么敢死。”颜回对待孔子如同曾参侍奉父亲一样。古代的贤人，他们尊重老师达到这样的地步，所以老师尽心竭力地教诲他们。

用　众

原文

善学者，若齐王之食鸡也，必食其跖数千而后足①；虽不足，犹若有跖[2]。物固莫不有长，莫不有短。人亦然。故善学者，假人之长以补其短[3]。故假人者遂有天下。无丑不能[4]，无恶不知[5]。丑不能，恶不知，病矣[6]。不丑不能，不恶不知，尚矣[7]。虽桀、纣犹有可畏可取者，而况于贤者乎？

注释

①跖：指鸡爪。数千：言其极多。

②犹若：仍然。

③假：凭借。

④无：同“毋”，不可。丑：以……为耻。

⑤恶：与上文“丑”字一样，是意动用法。

⑥病：困窘。

⑦尚：上。

译文

善于学习的人像齐王吃鸡一样，一定要吃上几千鸡跖而后才满足，即使不够，仍然有鸡跖可供取食。事物本来无不有长处，无不有短处。人也是这样。所以，善于学习的人能取别人的长处来弥补自己的短处。因此，善于吸取众人长处的人便能占有天下。不要把不能看作羞耻，不要把不知看作耻辱。把不能看作羞耻，把不知看作耻辱，就会陷入困境。不把不能看作羞耻，不把不知看作耻辱，这是最高的。即使桀、纣那样的暴君尚且有令人敬畏、可取之处，更何况贤人呢？

原文

故学士曰[1]：辩议不可不为[2]。辩议而苟可为[3]，是教也[4]。教，大议也。辩议而不可为，是被褐而出[5]，衣锦而人[6]。

注释

①学士：本指在学的贵族弟子。

②不可不为：一般认为，当作“不可为”，后一“不”字为衍文，删

之，上下文气贯通。

③苟：如果。

④是教也：意思是，这是指施教者而言。

⑤被（bèi）褐：比喻没有学问，愚昧无知。被，披。褐，兽毛或粗麻制成的短衣。这是古代贫贱人的穿着。

⑥衣锦：比喻学问已成，贤明通达。锦，华美的丝织衣裳，这是古代富贵人的穿着。

译文

所以有学问的人说：求学者不可使用辩议。如果说辩议可以使用的话，这是指施教者而言。施教才需要大议。求学者不使用辩议，就可以由无知变为贤达，这就像穿着破衣服出门，穿着华丽的衣服归来一样。

原文

戎人生乎戎、长乎戎而戎言①，不知其所受之；楚人生乎楚、长乎楚而楚言②，不知其所受之。今使楚人长乎戎，戎人长乎楚，则楚人戎言，戎人楚言矣。由是观之，吾未知亡国之主不可以为贤主也，其所生长者不可耳。故所生长不可不察也。

注释

①戎：古代泛指西北部少数民族。

②楚：这里用以泛指南方民族。

译文

戎人生在戎地，长在戎地，而说戎人的语言，自己却不知是从谁那里学来的。楚人生在楚地. 长在楚地，而说楚人的语言，自己却不知是从谁那里学来的。假如让楚人在戎地生长，让戎人在楚地生长，那么楚人就说戎人的语盲，戎人就说楚人的语言了。由此看来，我不相信亡国的君主不可能成为贤明的君主，只不过是他们所生长的环境不允许罢了。因此，对于人所生长的环境不可不注意考察啊！

原文

天下无粹白之狐[①]，而有粹白之裘[②]，取之众白也。夫取于众，此三皇五帝之所以大立功名也。凡君之所以立，出乎众也。立已定而舍其众，是得其末而失其本。得其末而失其本，不闻安居。故以众勇无畏乎孟贲矣[③]，以众力无畏乎乌获矣[④]，以众视无畏乎离娄矣[⑤]，以众知无畏乎尧、舜矣。夫以众者，此君人之大宝也。

注释

①粹（cuì）：纯粹。

②裘：裘皮。

③孟贲：战国时期卫国的勇士，据说能生拔牛角。

④乌获：战国时期秦国大力士。

⑤离娄：传说中黄帝时视力最好的人，能见针末于百步之外。

译文

天下没有纯白的狐狸，却有纯白的狐裘，这是从许多白狐狸的皮中取来制成的。善于从众人中吸取长处，这正是三皇五帝大建功名的原因。大凡君主的确立，都是凭借着众人的力量。君位一经确立就舍弃众人，这是得到细枝末节而丧失了根本。凡是得到细枝末节而丧失了根本的君主，从未听说过他的统治会安定稳固。所以，依靠众人的勇敢就不惧怕孟贲了，依靠众人的力气就不惧怕乌获了，依靠众人的眼力就不惧怕离娄了，依靠众人的智慧就不惧怕赶不上尧、舜了。依靠众人，这是统治人民的根本大法。

原文

田骈谓齐王曰[①]：“孟贲庶乎患术[②]，而边境弗患；楚、魏之王辞言不说[③]，而境内已修备矣，兵士已修用矣：得之众也。”

注释

①田骈：战国时期齐国人，道家。

②庶乎患术：几乎苦于没有办法。庶，几乎。术，策略。

③辞言不说：指不贵言辞。

译文

田骈对齐王说："即使孟贲对于众人的力量也感到忧虑，无可奈何，因而齐国的边境无须担忧。"楚国，魏国的君主不贵言辞，而国内备战的各种设施已经修整完备了，兵士已经训练有素可以打仗了，这都是得力于众人的力量啊！

卷五　仲夏纪

大　乐

音乐之所由来者远矣。生于度量①，本于太一②。太一出两仪③，两仪出阴阳。阴阳变化，一上一下，合而成章④。浑浑沌沌⑤，离则复合，合则复离，是谓天常⑥。天地车轮⑦，终则复始，极则复反⑧，莫不咸当⑨。日月星辰，或疾或徐⑩，日月不同，以尽其行⑪。四时代兴，或暑或寒，或短或长，或柔或刚。万物所出，造于太一⑫，化于阴阳。萌芽始震，凝𣴑以形⑬。形体有处，莫不有声。声出于和，和出于适⑭。和适，先王定乐，由此而生。

注释

①度量：古时把作为基准的音律度数分为三等分，增加一分或减少一分便产生新律。度量指音律度数的增减。

②太一："道"的别称。

③出：生。两仪：天地。

④章：即"形"。

⑤浑浑沌沌：古人认为的世界生成以前的元气状态。

⑥天常：自然永恒的规律。

⑦轮：转动。

⑧极：终极。

⑨咸：全都。当：合宜。

⑩或：有的。

⑪行：形度。指运行的轨迹。

⑫造：始。

⑬凓（hán）：凝冻。

⑭适：合度。

译文

音乐的由来相当久远了，它产生于度量，本源于太一。太一生天地，天地生阴阳。阴阳变化，一上一下，会合而成形体。浑浑沌沌地，分离了又会合，会合了又分离，这就叫做自然的永恒规律。天地像车轮一样转动，到尽头又重新开始，到终极又返回，无不恰到好处。日月星辰的运行，有的快，有的慢。日月轨道不同，都周而复始地运行在各自的轨道上。春夏秋冬更迭出现，有的季节炎热，有的季节寒冷，有的季节白天短，有的季节白天长，有的季节属柔，有的季节属刚。万物的产生，从太一开始，由阴阳生成。因阳而萌芽活动，因阴而凝冻成形。万物的形体各占一定的空间，无不发出声音。声音产生于和谐，和谐来源于合度。先王制定音乐，正是从这个原则出发。

原文

天下太平，万物安宁。皆化其上①，乐乃可成。成乐有具②，必节嗜欲③。嗜欲不辟④，乐乃可务⑤。务乐有术，必由平出。平出于公，公出于道。故惟得道之人，其可与言乐乎！亡国戮民⑥，非无乐也，其乐不乐。溺者非不笑也⑦，罪人非不歌也，狂者非不武也⑧，乱世之乐有似于此。君臣失位，父子失处⑨，夫妇失宜，民人呻吟，其以为乐也，若之何哉？

注释

①化：顺从。

②具：具备。这里是“条件”的意思。

③节：节制。

④嗜欲：嗜好与欲望。多指贪图身体感官方面享受的欲望。

⑤务：专力从事。

⑥戮民：遭受屠戮的人民。

⑦溺者非不笑也：《左传·哀公二十年》有“溺人比笑”的记载。此

处反其义而用之。

⑧武：通“舞”，这里是手舞足蹈的意思。

⑨失处：指丧失其本分，即父不行父道，子有失子道。

译文

天下太平，万物安宁，一切都顺应正道，音乐才可以制成。制成音乐有条件，必须节制嗜欲。嗜欲避开了，才可以专力从事音乐。从事音乐有方法，必须从平和出发。平和产生于公正，公正产生于道。所以只有得道的人，大概才可以跟他谈论音乐吧！被灭亡的国家，遭受屠戮的人民，不是没有音乐。只是他们的音乐并不表达欢乐。即将淹死的人不是不笑，即将处死的罪人不是不唱，精神狂乱的人不是不手舞足蹈，但是他们的笑、他们的唱，他们的舞蹈没有丝毫的欢乐。乱世的音乐与此相似。君臣地位颠倒，父子本分沦丧，夫妇关系失当，人民痛苦呻吟，以此制乐，又会怎样呢？

原文

凡乐，天地之和，阴阳之调也。始生人者，天也，人无事焉。天使人有欲，人弗得不求；天使人有恶，人弗得不辟①。欲与恶，所受于天也，人不得与焉，不可变，不可易②。世之学者，有非乐者矣③，安由出哉？

注释

①辟：通“避”，避开。

②易：改变。

③非乐者：指墨家学派，《墨子》中有《非乐》篇。非，否定。

译文

凡音乐都是天地和谐、阴阳调和的产物。最初生成人的是天，人不得参与其事。天使人有了欲望，人不得不追求，天使人有了憎恶，人不得不躲避。人的欲望和憎恶是从天那里禀承下来的，人不能自己做主，不可改变，不能移易。世上的学者有反对音乐的，他们的主张是根据什么产生的呢？

原文

大乐[①]，君臣、父子、长少之所欢欣而说也[②]。欢欣生于平，平生于道。道也者，视之不见，听之不闻，不可为状[③]。有知不见之见[④]、不闻之闻、无状之状者，则几于知之矣。道也者，至精也，不可为形，不可为名，强为之，谓之太一。

注释

①大乐：指合于道的完美音乐。

②说（yuè）：同“悦”，喜悦。

③为状：描绘出形状。

④不见之见：没看见中包含着看见。

译文

大乐是君臣、父子、老少欢欣、喜悦的产物。欢欣从平和中产生，平和的境界从道中产生。所谓道，看它，看不见，听它，听不到；也无法描绘出形状。有谁能够懂得在不见中包含着见，在不闻中包含着闻，在无形中包含着形，那他就差不多懂得道了。道这个东西是最精妙的，无法描绘出它的形状，无法给它命名，勉强给它起个名字，就叫它“太一”。

原文

故一也者制令[①]，两也者从听[②]。先圣择两法一[③]，是以知万物之情[④]。故能以一听政者，乐君臣，和远近，说黔首[⑤]，合宗亲[⑥]；能以一治其身者，免于灾，终其寿，全其天[⑦]；能以一治其国者，奸邪去，贤者至，成大化[⑧]；能以一治天下者，寒暑适，风雨时，为圣人。故知一则明，明两则狂[⑨]。

注释

①一：即“太一”，道。

②两：由“太一”派生出的事物。

③择：弃。法：遵从。

④情：实际情况。

⑤黔首：战国时代对普通百姓的称谓。

⑥宗亲：指同母兄弟，后世也指同宗亲属。

⑦天：天性。

⑧大化：广远深入的教化。

⑨明两：等于说“用两”。明，显扬。狂：惑乱。

译文

所以“一”处于制约、支配的地位，“两”处于服从、听命的地位。先代圣人弃“两”用“一”，因此知道万物生成的真谛。所以，能够用“一”处理政事的，可以使君臣快乐，远近和睦，人民欢悦，兄弟和谐；能够用“一”修养身心的，可以免于灾害，终其天年，保全天性；能够用“一”治理国家的，可以使奸邪远离，贤人来归，实现大治，能够用“一”治理天下的，可以使寒暑适宜，风雨适时，成为圣人。所以懂得用“一”就聪明，持“两”就惑乱。

侈乐

原文

人莫不以其生生[①]，而不知其所以生[②]；人莫不以其知知，而不知其所以知。知其所以知之谓知道[③]；不知其所以知之谓弃宝[④]。弃宝者必离其咎[⑤]。世之人主，多以珠玉戈剑为宝，愈多而民愈怨，国人愈危，身愈危累[⑥]，则失宝之情矣[⑦]。乱世之乐与此同。为木革之声则若雷，为金石之声则若霆[⑧]，为丝竹歌舞之声则若噪[⑨]。以此骇心气、动耳目、摇荡生则可矣[⑩]，以此为乐则不乐。故乐愈侈[⑪]，而民愈郁[⑫]，国愈乱，主愈卑，则亦失乐之情矣。

注释

①前一“生”指生命，名词。后一“生”指生存，动词。

②所以生：赖以生存的根本。

③知道：懂得道。

④弃宝：抛弃珍贵的东西。

⑤离：通“罹”，遭。咎：祸害。

⑥累：危难，忧患。

⑦情：实情。

⑧霆：迅雷。

⑨噪：噪声。

⑩心气：指人的精神。生：性情。

⑧侈：奢侈放纵。

⑥郁：怨。

译文

人无不依赖自己的生命生存，但是却不知道自己赖以生存的是什么？人无不依赖自己的知觉感知，但是却不知道自己赖以感知的是什么。知道自己能够感知的原因，就叫懂得道，不知道自己能够感知的原因，就叫舍弃宝。舍弃宝物的人必定遭殃。世上的君主，大多把珍珠，玉石，长戈和利剑看作是宝物。这些宝物越多，百姓就越怨恨，国家就越危险，君主自身就越忧患，那就失掉了宝物的本来意义了。动乱时代的音乐与此相同。演奏木制，革制乐器的声音就像打雷，演奏铜制、石制乐器的声音就像霹雳，演奏丝竹乐器的声音、歌舞的声音就像喧哗。如果用这样的声音惊扰人的精神，震动人的耳目，摇荡人的性情，那是可以的，但是如果把这样的声音作为音乐，那就不能使人快乐了。所以音乐越是奢侈放纵，人民就越是抑郁不乐，国家就越是混乱，君主的地位就越是卑微，这样，也就失去音乐的本来意义了。

原文

凡古圣王之所为贵乐者，为其乐也。夏桀、殷纣作为侈乐，大鼓、钟、磬、管、箫之音①，以巨为美，以众为观②；俶诡殊瑰③，耳所未尝闻，目所未尝见，务以相过，不用度量。宋之衰也，作为千钟④；齐之衰也，作为大吕⑤；楚之衰也，作为巫音⑥。侈则侈矣，自有道者观之，则失乐之情。失乐之情，其乐不乐。乐不乐者，其民必怨，其生必伤。其生之与乐也，若冰之于炎日，反以自兵⑦。此生乎不知乐之情，而以侈为务故也⑧。

注释

①大：增大。

②观：这里是壮观之意。

③俶（ào）诡：奇异。殊瑰：异常瑰丽。

④千钟：钟律名。

⑤大吕：巨大的钟。

⑥巫音：源于巫祝活动祈福降神的奇异音乐。

⑦兵：伤害。

⑧故：缘故。

译文

古代圣王之所以重视音乐，是因为它能使人快乐。夏桀、殷纣制作奢侈放纵的音乐，随意增大鼓、钟、磬、管、箫等乐器的声音，把声音巨大当作美好，把乐器众多当作壮观，他们的音乐奇异瑰丽，人们的耳朵不曾听到过，眼睛不曾看到过，他们的音乐务求过分，不遵法度。宋国衰敝的时候，制作千钟，齐国衰微的时候，制作大吕，楚国衰微的时候，制作巫音。这些，盛大是够盛大了，然而在有道之人看来，却失去了音乐的本来意义。失去了音乐的本来意义，这样的音乐不能使人快乐。音乐不能使人快乐的君主，他的人民必定生怨，他的生命必定受到伤害。他的生命遇到了这种音乐，就像冰遇到炎热的太阳一样，反倒伤害了自己。产生这种后果是由于不懂得音乐的本来意义，而致力于奢侈放纵的缘故啊。

原文

乐之有情，譬之若肌肤形体之有情性也。有情性则必有性养矣①。寒、温、劳、逸、饥、饱，此六者非适也②。凡养也者，瞻非适而以之适者也③。能以久处其适，则生长矣④。生也者，其身固静，感而后知，或使之也⑤。遂而不返⑥，制乎嗜欲；制乎嗜欲无穷，则必失其天矣⑦。且夫嗜欲无穷，则必有贪鄙悖乱之心、淫佚奸诈之事矣。故强者劫弱，众者暴寡，勇者凌怯，壮者慠幼⑧，从此生矣。

注释

①性养：即养其性情。

②非适：不适合。适，适中。

③瞻：同“詹”，省察。以：使。

④长：久。

⑤或：有的。这里具体指嗜欲与外物。

⑥遂：顺，这里是顺其放纵的意思。返：回，这里有“收拢”的意思。

⑦天：指自身。

⑧慠：同“傲”。

译文

音乐有真谛，就像是肌肤身体有本性一样。有本性，就一定有生长、保养的问题了。寒冷、炎热、劳累、安逸，饥饿、饱足，逸六种情况都不是适中。大凡保养，是指要看到不适中的情况，并使生命处于适中的环境。能够使生命长久地处于适中的环境，生命就长久了。生命这个东西，自身本是清静无知的，感受到外物而后才有知觉，这是由于外物的影响啊！如果放纵其心而不约束，就会被嗜欲所牵制，如果被嗜欲所牵制，就必定危害身心了。再说，嗜欲无穷无尽，那就必然会产生贪婪、卑鄙、犯上作乱的思想，产生淫邪放纵、奸佞欺诈的事情了。所以，强横的劫掠弱小的，人多势众的侵害势孤力单的，勇猛的欺凌怯弱的，强壮的侮辱幼小的，诸如比类的事情就都由此而产生了。

适 音

原文

耳之情欲声，心不乐，五音在前弗听①；目之情欲色，心弗乐，五色在前弗视②；鼻之情欲芬香，心弗乐，芬香在前弗嗅；口之情欲滋味，心弗乐，五味在前弗食③。欲之者，耳目鼻口也；乐之弗乐者④，心也。心必和平然后乐。心必乐，然后耳目鼻口有以欲之。故乐之务在于和心，和心在于行适⑤。

注释

①五音：宫、商、角、徵、羽。这里泛指音乐。

②五色：青、黄、赤、白、黑。这里泛指各种颜色。

③五味：酸、苦、甘、辛、咸。这里泛指美味。

④之：相当于“与”。

⑤行适：行为合宜适中。

译文

耳朵的本能想要听声音，如果心情不愉快，即使音乐在耳边也不听，眼睛的本能想要看彩色，如果心情不愉快，即使彩色在眼前也不看，鼻子的本能想要嗅芳香，如果心情不愉快，即使香气在身边也不嗅，口的本能想要尝滋味，如果心情不愉快，即使美味在嘴边也不吃。有各种欲望的是耳、眼、鼻、口，而决定愉快或不愉快的是心情，心情必须平和然后才能愉快。心情必须愉快，然后耳、眼、鼻、口才有各种欲望。所以，愉快的关键在于使心情平和，使心情平和的关键在于行为合宜。

原文

夫乐有适，心亦有适。人之情：欲寿而恶夭①，欲安而恶危，欲荣而恶辱，欲逸而恶劳。四欲得，四恶除，则心适矣。四欲之得也，在于胜理②。胜理以治身，则生全以③；生全则寿长矣。胜理以治国，则法立；法立则天下服矣。故适心之务在于胜理。

注释

①夭：少壮而死。

②胜理：依循事物的规律。

③以：通“矣”。

译文

愉快有个适中问题，心情也有个适中问题。人的本性希望长寿而厌恶短命，希望安全而厌恶危险，希望荣誉而厌恶耻辱，希望安逸而厌恶烦劳。以上四种愿望得到满足，四种厌恶得以免除，心情就适中了。四种愿望能够获得满足，在于依循事物的情理。依循事物的情理来修身养性，生命就保全了；生命得以保全，寿命就长久了。依循事物的情理来治理国家，法度就建立了，法度建立起来，天下就服从了。所以，使心情适中的关键在于依循事物的情理。

原文

夫音亦有适：太巨则志荡①，以荡听巨则耳不容，不容则横塞②，横塞则振；太小则志嫌③，以嫌听小则耳不充，不充则不詹④，不詹则窕⑤；太清则志危⑥，以危听清则耳谿极⑦，谿极则不鉴⑧，不鉴则竭；太浊则志下，以下听浊则耳不收，不收则不抟⑨，不抟则怒。故太巨、太小、太清、太浊，皆非适也。

注释

①太巨：过分巨大。荡：摇动。

②横塞：充溢阻塞。

③嗛：通“慊”，不满足。

④詹：足。

⑤窕（tiǎo）：细而不满。

⑥危：高。

⑦谿极：空虚疲困。

⑧鉴：鉴别。

⑨抟（tuán）：专一。

译文

音乐也有个适中问题。声音过大就会使人心志摇荡，以摇荡之心听巨大的声音，耳朵就容纳不了，容纳不了就会充溢阻塞，充溢阻塞，心志就会摇荡。声音过小就会使人心志得不到满足，以不满足之心听微小的声音，耳朵就充不满，充不满就感到不够，不够心志就会不满足。声音过清就会使人心志高扬，以高扬之心听轻清之音，耳朵就会空虚疲困，空虚疲困就听不清，听不清，心志就会衰竭。声音过浊就会使人心志低下，以低下之心听重浊之音，耳朵就拢不住音，拢不住音就专一不了，专一不了就会动气。所以，音乐的声音过大、过小、过清、过浊都不合宜。

原文

何谓适？衷[①]，音之适也。何谓衷？大不出钧[②]，重不过石[③]，小大轻重之衷也。黄钟之宫，音之本也[④]，清浊之衷也。衷也者，适也。以适听适则和矣。乐无太[⑤]，平和者是也。故治世之音安以乐[⑥]，其政平也；乱世之音怨以怒，其政乖也[⑦]；亡国之音悲以哀，其政险也。凡音乐，通乎政而移风平俗者也。俗定而音乐化之矣。故有道之世，观其音而知其俗矣，观其政而知其主矣。故先王必托于音乐以论其教[⑧]。清庙之瑟[⑨]，朱弦而疏越[⑩]，一唱而三叹[⑪]，有进乎音者矣[⑫]。大飨之礼[⑬]，上玄尊而俎生鱼[⑭]，大羹不和[⑮]，有进乎味者也。故先王之制礼乐也，非特以欢耳目[⑯]、极口腹之欲也，将以教民平好恶[⑰]、行理义也。

注释

①衷：指声音的大小清浊适中。

②大不出钧：指钟音律度最大不得超过钧所发出的音。钧，通“均”，古代度量钟音律度的器具。

③重不过石：指钟的重量最终不得超过一石。石，古代重量单位，一百二十斤为一石。

④黄钟之宫，音之本也：古乐中的十二律以黄钟之宫为本，用“三分损益法”依次相生，所以说“黄钟之宫，音之本也”。黄钟之宫，古乐以律确定五音音高，用黄钟音所定的宫音，叫黄钟之音。

⑤无：通“毋”。太：过度。

⑥以：而。

⑦乖：乖谬。

⑧教：教化。

⑨清庙：宗庙。宗庙氛围肃然清净，故名。

⑩疏越：镂刻的小孔。疏，镂刻。越，穴，瑟底的小孔。

⑪一唱而三叹：一种宗庙奏乐形式。一人歌唱，三人应和。

⑫进：超越。

⑬大飨（xiǎng）：古代一种祭祀。

⑭上：献上。玄尊：盛玄酒的酒器。玄酒，指上古行祭祀礼时所用的水。水本无色，古人习以为黑色，故称“玄酒”。俎（zǔ）：古代祭祀时用的礼器。此处用如动词，把……盛在俎中。

⑮大（dài）羹：古代祭祀时所选用的带汁的肉。和：指五味调和。

⑯特：只，仅仅。

⑰平：端正。

译文

什么叫合宜？声音大小清浊适中就叫合宜。什么叫大小清浊适中？钟音律度最大不超过均的声音，钟的重量最重不超过一石，这就是小大轻重适中。黄钟律的宫音是乐音的根本，是清浊的基准。合乎基准就是合宜。

以适中的心情听适中的声音就和谐了。音乐各方面都不要过分，平正和谐才合宜。所以，太平盛世的音乐安宁而快乐，是由于它的政治安定，动乱时代的音乐怨恨而愤怒，是由于它的政治乖谬，濒临灭亡的国家的音乐悲痛而哀愁，是由千它的政治险恶。大凡音乐，与政治相通，并起着移风易俗的作用。风俗的形成是音乐潜移默化的结果。所以，政治清明的时代，考察它的音乐就可以知道它的风俗了，考察它的风俗就可以知道它的政治了，考察它的政治就可以知道它的君主了。因此，先王一定要通过音乐来宣扬他们的教化。宗庙里演奏的瑟，安着朱红色的弦，底部刻有小孔；宗庙之乐，只由一人领唱，三人应和，其意义已经超出音乐本身了。举行大飨祭礼时，只献上盛水的酒器，俎中盛着生鱼，大羹不调和五味，其意义已经超出滋味本身了。所以，先王设定礼乐的目的，不仅仅是用来使耳目欢愉、尽力满足口腹的欲望，而是要教导人们端正好恶、实施理义啊。

卷六 季夏纪

音 初

原文

夏后氏孔甲田于东阳萯山[①]。天大风，晦盲[②]，孔甲迷惑，人于民室。主人方乳[③]，或曰："后来[④]，是良日也，之子是必大吉。"或曰："不胜也[⑤]，之子是必有殃[⑥]。"后乃取其子以归，曰："以为余子[⑦]，谁敢殃之[⑧]？"子长成人，幕动坼橑[⑨]，斧斫斩其足[⑩]，遂为守门者[⑪]。孔甲曰："呜呼！有疾，命矣夫！"乃作为《破斧》之歌，实始为东音[⑫]。

注释

①夏后氏孔甲：夏朝国君，禹的十四代孙，桀的曾祖。孔甲，名。田：田猎。东阳萯（fù）山：古地名。

②晦盲：昏暗。

③方乳：正在生孩子。

④后：国君，指孔甲。

⑤不胜：经受不住。

⑥殃：灾害。用作名词。

⑦余：我。

⑧殃：害。用作动词。

⑨坼（chè）：裂。橑（lǎo）：屋椽。

⑩斫（zhuó）：砍。斩：断，绝。

⑪守门者：古代常以断足之人担任守门工作。

⑫东音：东方的音乐。

译文

夏君孔甲在东阳萯山打猎。天刮起大风，天色昏暗，孔甲迷失了方向，走进一家老百姓的屋子。这家人家正在生孩子。有人说："君主到来，这是好日子啊，这个孩子一定大吉大利。"有人说。"怕享受不了这个福分啊，这个孩子一定会遭受灾难。"夏君就把这个孩子带了回去，说："让他作我的儿子，谁敢害他？"孩子长大成人了，一次帐幕掀动，屋椽裂开，斧子掉下来砍断了他的脚，于是只好作守门之官。孔甲叹息道："哎！发生了这种灾难，是命里注定吧！"于是创作出"破舞"之瞅。这是最早的东方音乐。

原文

禹行功①，见涂山之女②。禹未之遇而巡省南土③。涂山氏之女乃令其妾候禹于涂山之阳④。女乃作歌，歌曰："候人兮猗⑤。"实始作为南音。周公及召公取风焉⑥，以为《周南》、《召南》⑦。

注释

①行功：这里指巡视治水之事。行，巡行。功，事。

②涂山：相传为大禹娶涂山氏之女及会合诸侯处。其地说法不一：一说在"会稽"（今浙江绍兴西北）；一说在"寿春东北"（今安徽怀远当涂山）。

③未之遇：指没来得及举行结婚仪式。遇，这里是"以礼相待"的意思。相传，禹娶涂山氏之女，婚后三四天就受命治水去了。

④妾：侍女。

⑤猗（yī）：语气词，相当于"兮"。

⑥取风：采风。古代称民间歌谣为风，收集民间歌谣则称之为"采风"。

⑦《周南》、《召南》：《诗经》的前两部分。

译文

禹巡视治水之事，途中娶涂山氏之女。禹没有来得及与她举行结婚典礼，就到南方巡视去了。涂山氏之女就叫她的侍女在涂山南面迎候禹，她自己于是作了一首歌，歌女唱道："候望人啊"，这是最早的南方音乐。周公和召公时曾在那里采风，后人就把它叫作"周南"、"召南"。

原文

周昭王亲将征荆①。辛余靡长且多力②，为王右③。还反涉汉④，梁败⑤，王及蔡公抎于汉中⑥。辛余靡振王北济⑦，又反振蔡公。周公乃侯之于西翟⑧，实为长公⑨。殷整甲徙宅西河⑩，犹思故处，实始作为西音。长公继是音以处西山⑪，秦缪公取风焉⑫，实始作为秦音。

注释

①周昭王：西周第四代国君，名瑕。将：率领军队。荆：楚国的别称。

②辛余靡：周昭王之臣。

③右：车右，又称骖乘。

④反：通"返"，返回。汉：汉水。

⑤梁：桥。败：坏。

⑥蔡公：蔡国国君。抎（yǔn）：坠落。

⑦振：救。济：渡。

⑧侯：封为侯。西翟（dí）：西方。

⑨长（zhǎng）公：一方诸侯之长。

⑩殷整甲：商王河亶甲，名整。西河：古地名，在今河南内黄东南。

⑪西山：西翟之山。

⑫秦缪公：即秦穆公。缪，通"穆"。

译文

周昭王亲自率领军队征伐荆国。辛馀靡身高力大，作昭王的车右. 军队返回，渡汉水，这时桥坏了，昭王和蔡公坠落在水中。辛馀靡把昭王救到北岸，又返回救了蔡公。周公于是封他在西方为诸侯，作一方诸侯之长。当初，殷整甲迁徙到西河居住，但还思念故土，于是最早创作了西方音乐。辛余靡封侯后住在西翟之山，继承了这一音乐。秦穆公时曾在那里采风，开始把它作为秦国的音乐。

原文

有娀氏有二佚女①，为之九成之台②，饮食必以鼓。帝令燕往视之，鸣若谥隘③。二女爱而争搏之，覆以玉筐。少选④，发而视之⑤，燕遗二卵，北飞，遂不反。二女作歌，一终曰⑥："燕燕往飞。"实始作为北音。

注释

①有娀（sōng）氏：远古氏族名，传说有娀氏有女简狄，是帝喾的次妃。佚（yì）女：美女。

②九成：九重，九层。

③谥隘：象声词，燕子的鸣叫声。

④少选：过了一会儿。

⑤发：打开。

⑥一终：古乐章以奏完一曲为一终。

译文

有娀氏有两位美貌的女子，给她们造起了九层高台，饮食一定用鼓乐陪伴。天帝让燕子去看看她们。燕子去了，叫声谥隘。那两位女子报喜爱燕子，争着扑住它，用玉璧罩住。过了一会儿，揭开筐看它，燕子留下两个蛋，向北飞去，不再回来。那两位女子作了一首歌，歌中唱道："燕于燕子展翅飞"，这是最早的北方音乐。

原文

凡音者，产乎人心者也。感于心则荡乎音，音成于外而化乎内①。是故闻其声而知其风[②]，察其风而知其志，观其志而知其德。盛衰、贤不肖、君子小人皆形于乐[③]，不可隐匿。故曰：乐之为观也，深矣[④]。土弊则草木不长[⑤]，水烦则鱼鳖不大[⑥]，世浊则礼烦而乐淫。郑卫之声[⑦]、桑间之音，此乱国之所好，衰德之所说[⑧]。流辟、誂越、慆滥之音出[⑨]，则滔荡之气[⑩]、邪慢之心感矣；感则百奸众辟从此产矣。故君子反道以修德；正德以出乐；和乐以成顺。乐和而民乡方矣[⑪]。

注释

①化：化育。内：指内心。

②风：风俗、风气。

③形：表露、表现。

④乐之为观也，深矣：意为音乐作为一种观察的对象，是很深刻的。

⑤土弊：土质恶劣。

⑥水烦：这里指水浑。烦，搅扰。

⑦郑卫之声：郑卫之音。桑间之音：亦作“桑间濮上之音”。相传殷纣亡国，乐官延在桑间投濮水自杀，后春秋时卫国乐官涓经过此地，听到水面上飘扬着音乐声，便将其记录下来，称之为“桑间之音”。后人以其代指靡靡之音、亡国之音。

⑧说：通“悦”。

⑨流辟：淫邪放纵。诛（tiǎo）越：声音飞荡。慆（tāo）滥：等于说“涤滥”，放荡过分。

⑩滔荡：放荡无羁。

⑪乡：通“向”，向往。方：道义。

译文

大凡音乐，是从人的内心产生出来的。心中有所感受，就会在音乐中表现出来，音乐表现于外而化育于内。因此，听到某一地区的音乐就可以了解它的风俗，考察它的风俗就可以知道它的志趣，观察它的志趣就可以知道它的德行。兴盛与衰亡、贤明与不肖、君子与小人都会在音乐中表现出来，不可隐藏。所以说音乐作为一种观察的对象，它所反映的是相当深刻的了。土质恶劣，草木就不能生长；水流浑浊，鱼鳖就不能长大，社会黑暗，礼仪就会烦乱，音乐就会淫邪。郑卫之声、桑间之音，这是淫乱的国家所喜好的，是道德衰败的君主所高兴的。只要淫邪、轻佻、放纵的音乐产生出来，放荡无羁的风气、邪恶轻慢的思想盛情就要熏染人了。人们受到这种熏染，各式各样的邪恶就由此产生了。所以，君子以道为根本，进行品德修养，端正品德而创作音乐，音乐和谐而后通达理义。音乐和谐了，人民就向往道义了。

明　理

原文

五帝三王之于乐尽之矣①。乱国之主未尝知乐者，是常主也②。夫有天赏得为主，而未尝得主之实，此之谓大悲。是正坐于夕室也③，其所谓正乃不正矣④。

注释

①五帝三王：即“三皇五帝”，通常，三皇指伏羲、神农、燧人；五帝指黄帝、颛顼、帝喾、尧、舜。尽：达到极致。

②常主：平庸之主。

③正坐于夕室：人坐在方位不正的房中。夕室，方位不正的房子。

④正乃不正：自己以为坐正了，其实并不正。

译文

五帝三王在音乐方面已经达到尽善尽美了。政治混乱的国家的君主从来不曾懂得音乐，这是由于他们是凡庸的君主的缘故。获得上天的赏赐，得以成为君主，然而徒有君主之名，却无君主之实，这是最可悲的。这就如同在方位不正的屋子里摆正座位一样，其所谓正，恰恰是不正。

原文

凡生，非一气之化也[1]；长，非一物之任也[2]；成，非一形之功也。故众正之所积[3]，其福无不及也；众邪之所积，其祸无不逮也。其风雨则不适，其甘雨则不降，其霜雪则不时，寒暑则不当，阴阳失次，四时易节[4]，人民淫烁不固[5]，禽兽胎消不殖[6]，草木庳小不滋[7]，五谷萎败不成。其以为乐也，若之何哉？故至乱之化：君臣相贼，长少相杀，父子相忍[8]，弟兄相诬[9]，知交相倒，夫妻相冒[10]，日以相危，失人之纪，心若禽兽，长邪苟利[11]，不知义理。

注释

①非一气之化：古人认为一切事物都由阴阳二气交合产生，单一的阴气或阳气不能化育万物。一气，单独的阴气或阳气。化，化育。

②非一物之任：古人认为万物的生长都靠金木水火土五行的作用，不能单凭五行中的一项担负起万物生长。一物，五行中单独的某一项。任，凭借。

③正：正直之气，相对于下文“邪”。

④易节：改变了节气。

⑤淫烁不固：情欲消失导致不能生育。

⑥胎消不殖：胎死腹中并无法生殖。

⑦庳：低矮。滋：滋长。

⑧相忍：这里是相互仇视的意思。

⑨相诬：相互陷害。

⑩相冒：相互猜忌。

⑪长邪：擅长于奸邪之事。苟利：苟且于利益，只顾利益不论其他。

译文

万物的诞生，不是阴、阳二气之中一种气能够养育的，万物的生长，不是哪一种物能够承担的，万物的形成，不是哪一种东西的功劳。所以，大量正气积聚的地方，福没有不降临的，大量邪气积聚的地方，祸没有不发生的。邪恶积聚之处，那里的风雨不适时，及时雨不降，霜雷不合时令，寒暑失当，阴阳失去常规，四季次序颠倒，人民淫乱不能生育，禽兽胚胎消散不能繁殖，草木矮小不能生长，五谷枯萎不能结实。以此为素材制作音乐，会怎么样呢？所以，极端混乱的社会，它的风气是，君臣互相残害，长少互相杀毂，父子残忍相待，弟兄互相欺骗，挚友互相背叛，夫妻互相冒犯。人们天天相互残害，丧失人伦，心像禽兽一样，长于邪恶，苟且求利，不懂理义。

原文

故子华子曰①：“夫乱世之民，长短颉啎百疾②，民多疾疠③，道多褓襁④，盲秃伛尪⑤，万怪皆生。”故乱世之主，乌闻至乐？不闻至乐，其乐不乐。

注释

①子华子：相传战国时魏国人，与韩昭釐侯同时，属道家人物。

②长短：攻讦，责难。颉（xié）啎（wǔ）：违逆，错乱。百疾：变诈。

③疾疠（lì）：疫病。

④褓襁：指婴儿。

⑤盲：盲人。秃：秃子。伛（yǔ）：驼背。尪（wāng）：头向上仰的一种残疾。

译文

所以，子华子说：“乱世的百姓，没有节度，是非错乱，百病俱生。人民多疾病，道路上多弃婴，瞎眼、秃头，驼背、鸡胸，各种各样的怪异都产生了。”因此，乱世的君主怎么能听到最和谐、完美的音乐？听不到最和谐、完美的音乐，它的音乐不会快乐。

卷七　孟秋纪

荡　兵

原文

古圣王有义兵而无有偃兵①。兵之所自来者上矣②，与始有民俱。凡兵也者，威也；威也者，力也。民之有威力，性也。性者，所受于天也，非人之所能为也。武者不能革③，而工者不能移④。

注释

①偃：止息。

②上：久。

③革：改变。

④工者：有才能的人。

译文

古代的圣王主张正义的战争，从未有废止战争的。战争的由来相当久远了，它是和人类一起产生的。大凡战争，靠的是威势，而威势是力量的表现。具有威势和力量是人的天性。人的天性是从天那里禀承下来的，不是人力所能造成的。勇武的人不能使它改变，机巧的人不能使它移易。

原文

兵所自来者久矣。黄、炎故用水火：矣①，共工氏固次作难矣②，五帝固相与争矣。递兴废③，胜者用事④。人曰“蚩尤作兵”⑤，蚩尤非作兵也，利其械矣。未有蚩尤之时，民固剥林木以战矣⑥，胜者为长。长则犹不足治之，故立君。君又不足以治之，故立天子。天子之立也出于君，君之立也出于长，长之立也出于争。争斗之所自来者久矣，不可禁，不可止。故古之贤王有义兵而无有偃兵。

注释

①黄、炎：指黄帝、炎帝。炎帝，传说中的古帝，姜姓，因以火德称王，故称炎帝，号神农氏。故：已经。用水火：相传炎帝与黄帝大战，炎帝燃起大火，黄帝以水灭之。

②共工氏：传说中古代的部族首领，与颛顼争帝，失败被杀。固：已经。次：通“恣”，恣意。作难：发难。

③递：替代，更迭。

④用事：指治理天下。

⑤蚩尤：传说中东方：九黎族的首领，后被黄帝打败。作兵：制造兵器。

⑥剥：砍削。

译文

战争的由来相当久远了。黄帝、炎帝已经用水火争战了，共工氏已经恣意发难了，五帝之间已经互相争斗了。他们一个接替一个地兴起、灭亡，胜利者治理天下。人们说“蚩尤开始村造了兵器”，其实，兵器并非蚩尤创造的，他只不过是把兵器改造得更锋利罢了。在蚩尤之前，人类已经砍削林木作为武器进行战争了，胜利者作首领，只有首领还不足以治理好百姓，所以设置君主。君主仍不足以治理好百姓，所以设置天子。天子的设置是在有君主的基础上产生的，君主的设置是在有首领的基础上产生的，首领的设置是在有争斗的基础上产生的。争斗的由来相当久远了，不可禁止，不可平息。所以，古代的贤主主张正义的战争，从未有废止战争的。

原文

家无怒笞[①]，则竖子、婴儿之有过也立见[②]；国无刑罚，则百姓之相侵也立见；天下无诛伐，则诸侯之相暴也立见[③]。故怒笞不可偃于家，刑罚不可偃于国，诛伐不可偃于天下，有巧有拙而已矣。故古之圣王有义兵而无有偃兵。

注释

①怒：斥责。笞（chī）：用鞭子或木板、竹板等抽打。

②竖子：僮仆。婴儿：儿童。见（xiàn）：出现。

③暴：侵侮。

译文

家中如果没有责打，僮仆、小儿犯过错的事就会立刻出现；国中如果没有刑罚，百姓互相侵夺的事就会立刻出现。天下如果没有征伐，诸侯互相侵犯的事就会立刻出现。所以，家中责打不可废止，国中刑罚不可废止，天下征伐不可废止，只不过在使用上有的高明、有的笨拙罢了。所以，古代的圣王主张正义的战争，从未有废止战争的。

原文

夫有以噎死者[①]，欲禁天下之食，悖[②]；有以乘舟死者，欲禁天下之船，悖；有以用兵丧其国者，欲偃天下之兵，悖。夫兵不可偃也，譬之若水火然，善用之则为福，不能用之则为祸；若用药者然，得良药则活人，得恶药则杀人。义兵之为天下良药也亦大矣。

注释

①噎（yē）：食物塞住了嗓子。

②悖：荒谬。

译文

如果因为发生了吃饭噎死的事，就废止天下的一切食物，这是荒谬的，如果因为发生了乘船淹死的事，就要废止天下的一切船只，这是荒谬的；如果因为发生了进行战争而亡国的事，就要废止天下的一切战争，这同样是荒谬的。战争是不可废止的。战争就像水和火一样，善于利用它就会造福于人，不善于利用它就会造成灾祸，还像用药给人治病一样，用良药就能把人救活，用毒药就能把人杀死。正义的战争正是治理天下的一副良药啊！

原文

且兵之所自来者远矣，未尝少选不用①。贵贱、长少、贤者不肖相与同，有巨有微而已矣。察兵之微②：在心而未发，兵也；疾视③，兵也；作色，兵也；傲言，兵也；援推④，兵也；连反⑤，兵也；侈斗⑥，兵也；三军攻战，兵也。此八者皆兵也，微巨之争也。今世之以偃兵疾说者⑦，终身用兵而不自知悖，故说虽强，谈虽辨⑧，文学虽博，犹不见听⑨。故古之圣王有义兵而无有偃兵。

注释

①少选：须臾，一会儿。

②兵：指战争、用兵之事。

③疾视：怒目而视。

④援推：指以手相搏。援，拉。

⑤连反：以足相搏。

⑥侈斗：群斗的意思。侈，恣意放纵。

⑦疾说（shuì）：极力游说。

⑧辨，通“辩”。

⑨见：表示被动。

译文

再说，战争的由来相当久远了，没有一刻不用。人们无论贵贱，长少、贤与不肖在这一点上是相同的，只是在使用上有大有小罢了。考察战争的细微之处：争斗之意隐藏在心中，尚未表露出来，这就是战争；怒目相视是战争，面有怒色是战争，言辞傲慢是战争，推拉相搏是战争，踢踹相斗是战争，聚众殴斗是战争，三军攻战是战争。以上这八种情况都是战争，只不过是规模有小大之差罢了。如今世上极力鼓吹废止战争的人，他们终身用兵，却不知道自己言行相背，因此，他们的游说虽然有力，言谈虽然雄辩，引用文献典章虽然广博，仍然不被人听取采用。所以，古代的圣王主张正义的战争，从未有废止战争的。

原文

兵诚义，以诛暴君而振苦民①，民之说也②，若孝子之见慈亲也，若饥者之见美食也；民之号呼而走之③，若强弩之射于深谿也④，若积大水而失其壅堤也⑤。中主犹若不能有其民⑥，而况于暴君乎？

注释

①振：拯救。

②说：同“悦”，喜悦。

③走：奔向。

④谿：山谷。

⑤壅：堵塞。

⑥中主：一般的君主。犹若：犹然，尚且。

译文

如果战争确实符合正义，用以诛杀暴君，拯救苦难的人民，那么人民对它的喜悦，就像孝子见到了慈爱的父母，像饥饿的人见到了甘美的食物；人民呼喊着奔向它，像强弩射向深谷，像蓄积的大水冲垮堤坝。在这种情况下，一般的君主尚且不能保有他的人民，更何况暴君呢？

振乱

原文

当今之世浊甚矣①，黔首之苦不可以加矣。天子既绝②，贤者废伏③，世主恣行④，与民相离，黔首无所告愬⑤。世有贤主秀士⑥，宜察此论也，则其兵为义矣。天下之民，且死者也而生⑦，且辱者也而荣，且苦者也而逸⑧。世主恣行，则中人将逃其君⑨，去其亲，又况于不肖者乎？故义兵至，则世主不能有其民矣，人亲不能禁其子矣。

注释

①浊：比喻混乱。

②天子既绝：指周王室已经灭亡。

③废伏：废弃，隐藏。

④世主：指世间昏乱的君主。恣：放纵。

⑤愬（sù）：通“诉”，诉说。

⑥秀士：德才出众的人。

⑦且：将。

⑧逸：安逸。

⑨中人：一般人。

译文

当今的社会混乱极了，人民的苦难无以复加了。周王室已经灭亡，贤人被弃隐匿，昏君恣意妄行，与人民离心离德，人民无处申诉自己的苦难。世上如有贤明的君主、优秀的士人，当明察这个道理，那么他们的军队就会申张正义了。天下人民，将死的会因而得以新生，将蒙受耻辱的会因而得以荣光，将遭受苦难的会因而得以安逸。昏君姿意妄行，一般人都将逃离他们的国君，不能顾及他们的父母，又何况那些不肖的人呢？因此，正义之师一到，昏君就不能保有自己的人民了，作父母的就无法阻止自己的子女了。

原文

凡为天下之民长也，虑莫如长有道而息无道[①]，赏有义而罚不义。今之世学者多非乎攻伐[②]。非攻伐而取救守，取救守，则乡之所谓长有道而息无道[③]、赏有义而罚不义之术不行矣。天下之长民[④]，其利害在察此论也。攻伐之与救守一实也[⑤]，而取舍人异。以辨说去之[⑥]，终无所定论。固不知，悖也；知而欺心，诬也[⑦]。诬悖之士，虽辨无用矣。是非其所取而取其所非也[⑧]，是利之而反害之也，安之而反危之也。为天下之长患[⑨]、致黔首之大害者，若说为深[⑩]。夫以利天下之民为心者，不可以不熟察此论也。

注释

①虑：思虑，谋划。长（zhǎng）：使……长，使……得到褒扬。

②学者：专指墨家学派的学者。非：非难，反对。

③乡：方才。

④长：用作动词，给……做君主。

⑤一实：实质一样。

⑥辨说：辩论。

⑦诬：欺骗。

⑧是：指代反对攻伐的种种论调。

⑨长患：与下句“大害”意近，意为深重的灾害。

⑩若：此。

译文

凡给天下人民作君主的，考虑施政大计莫如扶植有德，消除暴虐，奖赏正义，惩罚不义。如今世上研习墨家之学的人多反对攻伐。反对攻伐就必然选取救守；如果选取救守，那么方才所说的扶植有德、消除暴虐、奖赏正义、惩罚不义的方针就无法实施了。给天下人民作君主的，其利害全在于是否明察这个道理。攻伐与救守，其实质一样，而或取或舍，人各不同。如今世上的墨家之徒企图靠论辩排斥攻伐，最终也不会有结果的。论说事理，如果自己本来就不知道，那是糊涂；如果自己知道却自欺欺人，那是欺诈。搞欺诈的人，头脑糊涂的人，纵然善辩也没有什么用处。反对攻伐的论调自相矛盾，这种论调虽想给人民带来利益，结果却反而害他们，虽想使人民安定，结果却反而使他们处于危险之中。因此，给天下带来深重灾难、使人民遭受极大危害的事物中，要数这种论调危害最深了。那些把为天下人民谋利益作为志向的人，不可不仔细地弄清这个道理。

原文

夫攻伐之事，未有不攻无道而罚不义也。攻无道而伐不义，则福莫大焉，黔首利莫厚焉。禁之者，是息有道而伐有义也，是穷汤、武之事①，而遂桀、纣之过也②。凡人之所以恶为无道、不义者③，为其罚也；所以蕲有道④，行有义者，为其赏也。今无道、不义存，存者，赏之也；而有道、行义穷，穷者，罚之也。赏不善而罚善，欲民之治也，不亦难乎？故乱天下、害黔首者，若论为大。

注释

①穷：使动用法，使……困厄。

②遂：顺，助长的意思。

③恶：这里是害怕、不敢的意思。

④蕲（qí）：通“祈”，求。

译文

攻伐之类的事，无一不是攻击无道、惩罚不义的。攻击无道、讨伐不义，自己获福没有比这更大的了，人民得利没有比这更多的了。禁止攻伐，这是摒弃有德，惩罚正义。这是阻挠商汤，周武王的事业，助长夏桀、商纣的罪恶啊。人们之所以不敢行无道、不义的事，为的是免遭惩罚，人们之所以祈求有德、行正义的事，为的是求得奖赏。如今行无道、不义的人安然存在，安然存在无异于奖赏他们，而有德的人、主持正义的人却陷入困境，陷入困境无异于惩罚他们。赏恶惩善，想要用这种办法把人民治理好，不也太难了吗？所以扰乱天下、危害人民的事物中，要数反对攻伐这种论调危害为最大。

卷八　仲秋纪

论威

原文

义也者，万事之纪也[①]，君臣、上下、亲疏之所由起也，治乱、安危、过胜之所在也[②]。过胜之，勿求于他，必反于己。

注释

①纪：纲纪，要领。

②过胜：胜败。

译文

义，是万事的法则，是君臣、长幼、亲疏产生的根基，是国家治乱，安危、胜败的关键。胜败的关键，不要向其它方面寻求，一定要在自己身上寻找。

原文

人情欲生而恶死[①]，欲荣而恶辱。死生荣辱之道一[②]，则三军之士可使一心矣。

注释

①欲：希望。恶：讨厌。

②一：统一。

译文

人的本性都是想要生存而厌恶死亡，想要荣耀而厌恶耻辱。死生、荣辱的道理统一于义，就可以使三军将士思想一致了。

原文

凡军，欲其众也①；心，欲其一也。三军一心，则令可使无敌矣②。令能无敌者，其兵之于天下也，亦无敌矣。古之至兵③，民之重令也，重乎天下，贵乎天子。其藏于民心，捷于肌肤也④，深痛执固⑤，不可摇荡，物莫之能动。若此则敌胡足胜矣？故曰：其令强者其敌弱，其令信者其敌诎⑥。先胜之于此，则必胜之于彼矣。

注释

①众：多。

②令：指君王的指令。

③至兵：最好的军队。

④捷：这里是蕴含的意思。肌肤：指代身体。

⑤深痛执固：犹言根深蒂固。

⑥信：通“伸”。诎（qū）：屈服。

译文

凡军队，人数应该众多，军心应该一致。三军思想一致，就可以使号令畅行无阻了。号令能够畅行无阻的君主，他的军队也就无敌于天下了。古代的正义之师，人民尊重号令，看得比天下还重大，比天子还尊贵。号令藏于民心，感于肌肤，深切牢固，不可动摇，没有任何东西能够使它改变。像这样，敌人自然不战而溃，哪儿还值得一击呢？所以说：号令不可冲犯的军队，它的敌手必然软弱，号令畅行无阻的军队，它的敌手必然屈服。在朝廷中发布命令时就已经胜过了敌手，因此，在原野上战胜敌手就是必然的了。

原文

凡兵，天下之凶器也；勇，天下之凶德也。举凶器，行凶德，犹不得已也。举凶器必杀，杀，所以生之也①；行凶德必威，威，所以慑之也②。敌慑民生，此义兵之所以隆也③。故古之至兵，才民未合④，而威已谕矣⑤，敌已服矣，岂必用枹鼓干戈哉⑥？故善谕威者，于其未发也，于其未通也，窅窅乎冥冥⑦，莫知其情，此之谓至威之诚⑧。

注释

①杀，所以生之也：意思是杀的目的是为了使当生者生。

②慑：慑服，使之恐惧。

③隆：隆重，声威盛大。

④才民未合：百姓尚未见到。才，刚刚，方才。合，遇到，见到。

⑤谕：晓谕，明白。

⑥枹（fú）鼓：指战鼓。干戈：兵器。

⑦窅（yǎo）窅、冥冥：隐晦、幽暗的样子。

⑧诚：真实状况。

译文

凡兵器都是天下的凶器，勇武是天下凶德。举凶器，行凶德，是由于不得已。举凶器必定要杀人，杀恶人是使人民得以生存的手段，行凶德必定要显示武力使人畏惧，使人畏惧是叫敌手屈服的手段。敌手畏惧屈服，人民获得生存，这是正义之师兴盛的原因。所以，古代的正义之师出征，士兵尚未交锋，而威力就已经显示出来发挥作用了，敌手就已经降服了，难道还一定用得着冲锋厮杀吗？所以，善于显示威力的，他的威力在他尚未发挥、尚未显示之前就已经产生作用。他的威力深远难见，没有谁知道它的真实情况，这就是威力达到顶点的情形。

原文

凡兵，欲急疾捷先。欲急疾捷先之道，在于知缓徐迟后而急疾捷先之分也。急疾捷先，此所以决义兵之胜也。而不可久处，知其不可久处，则知所兔起凫举死殆之地矣[1]。虽有江河之险则凌之[2]，虽有大山之塞则陷之[3]。并气专精，心无有虑，目无有视，耳无有闻，一诸武而已矣。冉叔誓必死于田侯[4]，而齐国皆惧；豫让必死于襄子[5]，而赵氏皆恐；成荆致死于韩主[6]，而周人皆畏；又况乎万乘之国而有所诚必乎[7]？则何敌之有矣？刃未接而欲已得矣。敌人之悼惧惮恐[8]、单荡精神，尽矣，咸若狂魄，形性相离，行不知所之，走不知所往，虽有险阻要塞、铦兵利械[9]，心无敢据，意无敢处，此夏桀之所以死于南巢也[10]。今以木击木则拌[11]，以水投水则散，以冰投冰则沈，以涂投涂则陷，以疾徐先后之势也。

注释

①兔起凫（fú）举：比喻行动快速。凫，野鸭。死殆（dài）之地：即死地。

②凌：越过。

③陷：攻取，占领。

④冉叔誓必死于田侯：典故无法考证。

⑤豫让必死于襄子：豫让，春秋战国间晋人，为晋卿智瑶家臣。晋出公二十二年（前453）赵、韩、魏共灭智氏。豫让用漆涂身，吞炭使哑，暗伏桥下，谋刺赵襄子，未遂，后为赵襄子所捕。临死时，求得赵襄子衣服，拔剑击斩其衣，以示为主复仇，然后伏剑自杀。

⑥成荆：春秋时齐国的勇士。

⑦诚：真心。

⑧悼惧、惮恐：都是恐惧的意思。

⑨铦（xiān）：锋利。

⑩夏桀之所以死于南巢：夏桀，又名癸、履癸，夏朝的亡国之君，谥号为桀（凶猛的意思），他兵败后被放逐于南巢。

⑪拌（bàn）：分开，折断。

译文

凡用兵打杖，应该行动迅速，先发制人。要想行动迅速，先发制人，方法在于明辨迟缓、落后与迅速、抢先的区别。行动迅速，先发制人，这是决定正义之师胜利的因素。因而不可滞留一处，懂得军队不可滞留的道理，那就知道哪些地方是该迅速避开的死绝之地了。这样，纵有江河之险也可以凌越它，纵有大山险塞也能够攻陷它。要克敌制胜，只要精神专一，心中没有疑虑，目不旁视，耳不旁听，把心力、眼力、耳力都集中在军事上就行了。冉叔发誓一定要杀死齐侯，齐国君臣都十分恐惧，豫让决心要刺杀赵襄子，赵氏上下都很惊恐。成荆跟韩主拼命，周人都十分敬畏。一个人决心拼命尚且如此，又何况拥有兵车万辆的大国决心要达到目的呢？那还有什么人能够跟他抗衡呢？士兵尚未交锋而欲望就已经满足了。敌人恐惧害怕，精神衰竭、动摇，已经达到极点了。他们吓得都像是精神错乱一样，魂不守舍，行走不知目标，奔跑不知去处，纵有险阻要塞、坚甲利兵，心里也不敢依托，精神也无法安宁，这就是夏桀之所以死在南巢的缘故啊。假如用木头击打木头，后者就会裂开。把水注人水中，后者就会散开，把冰投向冰面，后者就会沉没，把泥抛向泥中，后者就会下陷，这就是快慢先后的必然态势。

原文

夫兵有大要，知谋物之不谋之不禁也①，则得之矣。专诸是也，独手举剑至而已矣，吴王壹成②。又况乎义兵，多者数万，少者数千，密其躅路③，开敌之涂，则士岂特与专诸议哉！

注释

①知谋物之不谋之不禁也：意思是谋划事情时，不去谋划那种禁止不了的事情。

②这里说的是专诸刺王僚之事。专诸（？—前515），春秋时吴国堂邑（今南京六合区）人，吴公子光（即吴王阖闾）欲杀王僚自立，伍子胥把他推荐给公子光。公元前515年，公子光乘吴内部空虚，与专诸密谋，以宴请吴王僚为名，藏匕首于鱼腹之中进献，当场刺杀吴王僚，专诸也被吴王僚的侍卫杀死。公子光自立为王，是为吴王阖闾，乃以专诸之子为卿。

③躅路：道路。

译文

用兵有它的关键，如果懂得攻其无备，出其不意，那就掌握了用兵的关键了。专诸就是这样。他不过是独自一人手举剑落罢了。专诸仅一举就成全了阖闾，使他当上吴王。又何况正义之师呢？正义之师人数多的几万，少的也有几千，所到之处，足迹布满道路，在敌国畅行无阻，像这样的武士，专诸怎么就跟他们相提并论呢？

决　胜

原文

夫兵有本干①：必义，必智，必勇。义则敌孤独，敌孤独则上下虚②，民解落③；孤独则父兄怨，贤者诽④，乱内作⑤。智则知时化⑥，知时化则知虚实盛衰之变，知先后远近纵舍之数⑦。勇则能决断，能决断则能若雷电飘风暴雨⑧，能若崩山破溃、别辨霣坠⑨；若鸷鸟之击也，搏攫则殪⑩，中木则碎⑪。此以智得也。

注释

①本干：植物的根和干，比喻事物的主体。

②虚：指气虚，缺乏斗志。

③解落：离散。

④诽：非议。

⑤作：起。

⑥时化：指时事的变化。

⑦纵舍：追踪与舍弃。数：方法，策略。

⑧飘风：旋风。

⑨破溃：破裂崩溃。别辨：等于说“异变”。霣坠：指陨星坠落。

⑩搏：搏击。攫（jué）：用爪子抓取。殪（yì）：死。

⑪中（zhòng）：击中。

译文

用兵之道有它的根本：一定要符合正义，一定要善用智谋，一定要勇猛果敢。符合正义，敌人就孤独无援，敌人孤独无援，上上下下就缺乏斗志，人民就会瓦解离散，孤独无援，父兄就怨恨，贤人就非议，叛乱就会从内部发生。善用智谋就能知道时势的发展趋势，知道时势的发展趋势，就会知道虚实盛衰的变化，就会知道关于先后、远近、行止的策略。勇猛果敢就能临事果断，能临事果断，行动起来就能像雷电、旋风、暴雨，就能像山崩，溃决、异变、星坠，势不可当，就像猛禽奋击，搏击禽兽，禽兽就会毙命，击中树木，树木就会碎裂。这是靠勇猛果敢达到的。

原文

夫民无常勇，亦无常怯。有气则实，实则勇；无气则虚，虚则怯。怯勇虚实，其由甚微①，不可不知。勇则战，怯则北②。战而胜者，战其勇者也⑧；战而北者，战其怯者也。怯勇无常，倏忽往来④，而莫知其方⑤，惟圣人独见其所由然。故商、周以兴，桀、纣以亡。巧拙之所以相过⑥，以益民气与夺民气，以能斗众与不能斗众。军虽大，卒虽多，无益于胜。军大卒多而不能斗，众不若其寡也。夫众之为福也大，其为祸也亦大。譬之若渔深渊⑦，其得鱼也大，其为害也亦大。善用兵者，诸边之内莫不与斗，虽厮舆白徒⑧，方数百里皆来会战，势使之然也。幸也者，审于战期而有以羁诱之也⑨。

注释

①由：缘由。

②北：败落。

③战其勇者也：凭恃自己的勇气而战。

④倏（shù）忽：急速的样子。

⑤方：道理。

⑥相过：指两者绝然不同。

⑦渔：捕鱼。

⑧厮（sī）：古代指干粗杂活的仆役。舆（yú）：众。白徒：指没有受过军事训练的人。

⑨羁诱：牵制引诱。

译文

人民的勇敢不是永恒不变的，人民的怯弱也不是永恒不变的。士气饱满就充实，充实就会勇敢，士气丧失就空虚，空虚就会怯弱。怯弱与勇敢、空虚与充实，它们产生的缘由十分微妙，不可不知晓。勇敢就能奋力作战，怯弱就会临阵逃跑。打仗获胜的，是凭恃自己的勇气而战，打仗败逃的，是心怀胆怯而战。怯弱与勇政变化不定，变动疾速，没有谁知道其中的道理，惟有圣人知道它之所以这样的缘由。所以，商、周由此而兴盛，桀、纣由此而灭亡。用兵巧妙与笨拙的结局之所以彼此绝然不同，是因为有的提高人民的士气，有的削弱人民的士气，有的善于使用民众作战，有的不会使用民众作战的缘故。后者军队虽然庞大，士兵虽然众多，但对于取胜没有什么益处。军队庞大，士兵众多，如果不能战斗，人多还不如人少。人数众多造福大，但如果带来灾祸，为害也大，这就好像在深水中捕鱼一样，虽然可能捕到大鱼，但如果遇难，灾害也大。善于用兵的人，四境之内无不参战，即使是方圆几百里之内的奴仆以及没有受过训练的百姓都来参战，这是态势使他们这样的。态势的取得在于审慎地选择战争时机，并且有办法辖制引导他们。

原文

凡兵，贵其因也①。因也者，因敌之险以为己固，因敌之谋以为己事。能审因而加②，胜则不可穷矣。胜不可穷之谓神，神则能不可胜也。夫兵，贵不可胜。不可胜在己，可胜在彼③。圣人必在己者，不必在彼者，故执不可胜之术以遇不胜之敌④，若此，则兵无失矣。凡兵之胜，敌之失也。胜失之兵，必隐必微，必积必抟⑤。隐则胜阐矣⑥，微则胜显矣，积则胜散矣，抟则胜离矣。诸搏攫柢噬之兽⑦，其用齿角爪牙也，必托于卑微隐蔽，此所以成胜。

注释

①因：善于凭借。

②加：指加兵于敌。

③可胜在彼：能够战胜敌人，在于敌人虚怯谋失。

④不胜之敌：打不赢别人的敌人。

⑤抟（tuán）：古“专”字，专一，集中。

⑥阐：明。这里指显露在外。

⑦柢噬：指用角抵、用牙咬。柢，通“抵”。

译文

凡用兵，贵在善于凭借。所谓凭借是指利用敌人的险阻作为自己坚固的要塞，利用敌人的谋划达到自己的目的。能够明察所凭借条件再采取行动，那胜利就不可穷尽了。胜利不可穷尽叫作“神”，达到“神”的境界就能不可战胜了。用兵贵在不可被敌战胜。不可被敌战胜的主动权掌在自己手中，能不能战胜敌人在于敌人是否虚怯谋失。圣人一定把握自己的主动权，一定不依赖敌人的过失，所以，掌握着不可被战胜的策略，以此同可以战胜的敌人交锋，像这样，用兵就万无一失了。凡用兵获胜都是敌人犯有过失的缘故。战胜犯有过失的军队，一定要隐蔽，一定要潜藏，一定要蓄积力量，一定要集中兵力。做到隐蔽就能战胜公开的敌人了，做到潜藏就能战胜暴露的敌人了，做到蓄积就能战胜力量零散的敌人了，做到集中就能战胜兵力分散的敌人了。各种依靠齿角爪牙抓取、顶撞、撕咬猎物的野兽，在它们使用齿角爪牙的时候，一定先要隐身缩形，这是它们成功取胜的原因。

卷九　季秋纪

精　通

原文

人或谓兔丝无根[1]。兔丝非无根也，其根不属也[2]，伏苓是[3]。慈石召铁[4]，或引之也[5]。树相近而靡[6]，或軵之也[7]。圣人南面而立[8]，以爱利民为心，号令未出，而天下皆延颈举踵矣[9]，则精通乎民也[10]。夫贼害于人，人亦然。今夫攻者，砥厉五兵[11]，侈衣美食[12]，发且有日矣，所被攻者不乐，非或闻之也，神者先告也。身在乎秦，所亲爱在于齐，死而志气不安，精或往来也[13]。

注释

①兔丝：即菟丝，一种寄生蔓草。

②属（zhǔ）：连接。

③伏苓：即茯苓，寄生在松树根上的一种块状菌。

④慈石：即磁石，俗称“吸铁石”，古人认为这种石可以吸铁就像慈母吸引子女一样，故名。

⑤或：指某种力。

⑥靡（mǐ）：通“摩”，摩擦。

⑦軵（fǔ）：推。

⑧南面而立：指成为君主。古代以背北面南而坐为尊位。

⑨延颈举踵：伸长脖子，踮起脚跟，形容盼望之殷切。

⑩精通：指人的精气相通。

⑪砥（dǐ）厉：通“砥砺”。五兵：各种兵器。

⑫侈衣：使衣服华丽。侈，美。

⑬或：有时。

译文

有人说菟丝这种植物没有根。其实菟丝不是没有根，只是它的根与菟丝不相连，茯苓就是它的根。磁石吸引铁，是有一种力在吸引它。树木彼此生得近了，就要互相摩擦，是有一种力在推它。圣人面南为君，胸怀爱民利民之心，号令还没有发出，天下人就都伸长脖子，踮起脚跟殷切盼望了。这是圣人与人民精气相通的缘故。暴君伤害人民，人民也会有类似的反应。假如有国家准备进攻他国，正在磨砺兵器，犒赏军队，距离出征没几天，这时即将遭受进攻的国家肯定不会快乐，并不是他们有人听到了风声，而是精神先感知到了。一个人身在秦国，他所亲爱的人在齐国，如果在齐国的人死了，在秦国的人就会心神不安，这是精气互相往来的缘故啊！

原文

德也者，万民之宰也①。月也者，群阴之本也②。月望则蚌蛤实③，群阴盈；月晦则蚌蛤虚④，群阴亏。夫月形乎天⑤，而群阴化乎渊；圣人形德乎己，而四方咸饬乎仁⑥。

注释

①宰：主宰。

②群阴：各种阴象。

③望：满月，农历每月十五日。

④月晦：农历每月最后一日，月光尽敛。

⑤形：表现，显露，乎：于。

⑥饬：整治，整顿。

译文

德是万民的主宰，月亮是各种属阴之物的根本。月满的时候，蚌蛤的肉就充实，各种属阴之物也都满盈；月光尽敛的时侯，蚌蛤的肉就空虚，各种属阴之物也都亏损。月相变化显现于天空，各种属阴之物都随着变化于深水之中。圣人修养自己的品德，四方荒远之地的人民都随着整饬自己，归向仁义。

原文

养由基射兕[①]，中石，矢乃饮羽[②]，诚乎兕也[③]。伯乐学相马[④]，所见无非马者，诚乎马也。宋之庖丁好解牛[⑤]，所见无非死牛者[⑥]，三年而不见生牛，用刀十九年，刃若新磨研[⑦]，顺其理，诚乎牛也。

注释

①养由基：春秋时楚国大夫，以善射著称。兕：兽名，犀牛一类。

②矢乃饮羽：箭深入所射的物体，尾部的羽毛都隐没不见了，形容射箭的力量极强。饮，没。羽，箭尾上的羽毛。

③诚：专心。

④伯乐：秦穆公时人，以善相马著称。

⑤庖丁好解牛："庖丁解牛"之事见《庄子·养生主》。庖丁，厨师。解，分解。

⑥死：衍文。

⑦研：细磨。

译文

养由基射兕，射中石头，箭羽没入石中．这是由于他把石头当成兕，精神集中手兕的缘故。伯乐学相马，眼睛看到的除了马以外没有别的东西，这是由于他精神集中于马的缘故。宋国的庖丁喜好分解牛的肢体，眼睛看到的除了牛以外没有别的东西，整整三年眼前不见活牛，一把刀用了十九年，刀刃仍然锋利得像刚磨过，这是由于他分解牛的肢体时顺着牛的肌理，精神集中于牛的缘故。

原文

钟子期夜闻击磬者而悲[1]，使人召而问之曰："子何击磬之悲也？"答曰："臣之父不幸而杀人，不得生；臣之母得生，而为公家为酒；臣之身得生，而为公家击磬。臣不睹臣之母三年矣。昔为舍氏睹臣之母[2]，量所以赎之则无有[3]，而身固公家之财也，是故悲也。"钟子期叹嗟曰："悲夫！悲夫！心非臂也，臂非椎、非石也[4]。悲存乎心而木石应之。故君子诚乎此而谕乎彼，感乎己而发乎人，岂必强说乎哉？"

注释

①钟子期：姓钟，名徽，字子期。春秋时楚国人。擅长品味音乐。与俞伯牙的故事见本书《本味》篇。磬：古代一种石制敲击乐器。

②昔：这里指昨天夜里。舍氏：不详。

③量：思量。

④椎：指击磬用的木质工具。石：这里指磬。

译文

钟子期在间听到有人击磬，发出悲哀之声，就派人把击磬的人叫来，问他说："你击磬击出的声音怎么这么悲哀啊？"回答说："我的父亲不幸杀了人，无法活命，我的母亲虽得以活命，却没入官府替公家造酒，我自身虽得以活命，却替公家击磬。我已经三年没有见到自己的母亲了。昨天晚上在舍氏见到了我的母亲，想要赎她可是没有钱，而且连自身也本是公家的财产，因此心中悲哀。"钟子期叹息说："可悲呀，可悲！心并不是手臂，手臂也不是椎，不是磬，但悲哀存于心中，而椎磬却能与它应和。"所以君子心中有所感，就会在外面表现出来，自己心中有所感，就可以影响到他人，哪里用得着一定要用言辞表述呢？

卷十 孟冬纪

节丧

原文

审知生①，圣人之要也；审知死，圣人之极也②。知生也者，不以害生，养生之谓也；知死也者，不以害死，安死之谓也③。此二者，圣人之所独决也④。

注释

①审：清楚，明白。

②极：通“亟”，急于要做的事。

③安死：使死者安宁。

④决：决断，这里有“知晓”的意思。

译文

明察生命是圣人的要事，明察死亡是圣人的急务。明察生命，目的在于不以外物伤害生命，即为了养生。明察死亡，目的在于不以外物损害死者，即为了安死。这两件事唯独圣人才能知晓。

原文

凡生于天地之间，其必有死，所不免也。孝子之重其亲也①，慈亲之爱其子也，痛于肌骨，性也。所重所爱，死而弃之沟壑，人之情不忍为也，故有葬死之义②。葬也者，藏也，慈亲孝子之所慎也。慎之者，以生人之心虑[③]。以生人之心为死者虑也，莫如无动[④]，莫如无发[⑤]。无发无动，莫如无有可利，则此之谓重闭[⑥]。

注释

①重：尊重。亲：指父母。

②葬死：依孙人和之说，当为“葬送”。

③生人：活着的人。

④无动：指死者不因发掘墓葬而受惊动。

⑤发：掘开。

⑥重闭：大闭，指墓中无殉葬品，掘墓人无利可图，不会招致发掘，故称重闭。

译文

凡生活于天地间的事物，它们必然要有死亡，这是不可避免的。孝子尊重他们的父母，慈亲疼爱他们的子女，尊重，疼爱之心深人肌骨，这是天性。所尊重、所疼爱的人，死后却把他们抛入沟壑，这是人之常情所不忍心做的，因而产生了葬送死者的道义。葬就是藏的意思，这是慈亲孝子所应慎重的。所谓慎重，就是说活着的人要为死者考虑。活着的人为死者考虑，没有比不使死者被移动更重要了，没有比不让坟墓被掘开更重要了。而要达到这个目的，没有比让坟墓中无利可图更保险的了，这就叫作大闭。

原文

古之人有藏于广野深山而安者矣，非珠玉国宝之谓也，葬不可不藏也。葬浅则狐狸扫之[①]，深则及于水泉。故凡葬必于高陵之上，以避狐狸之患、水泉之湿。此则善矣，而忘奸邪、盗贼、寇乱之难，岂不惑哉？譬之若瞽师之避柱也[②]，避柱而疾触杙也[③]。狐狸、水泉、奸邪、盗贼、寇乱之患[④]，此杙之大者也。慈亲孝子避之者，得葬之情矣[⑤]。

注释

①扫（hú）：发掘。

②瞽师：盲乐师。避柱：避免碰到柱子。

③杙（yì）：一头尖的小短木。

④狐狸、水泉：衍文。

⑤情：本义。

译文

古代的人有葬于广野深山之中而平安至今的，不是说由于有珠玉国宝，而是说葬不可不隐蔽埋藏。葬浅了，狐狸就会掘开它；葬深了，就会与泉水相接。所以，凡葬一定葬在高高的土山之上，以便避开狐狸的危害、泉水的浸渍。这样做好是好，但是如果忘了恶人、盗贼、匪乱的祸害，岂不是糊涂吗？这就象盲乐师躲避柱子一样，虽然避开了柱子，却用力撞到了尖木桩上。恶人、盗贼、匪乱的祸害，这是大大的尖木桩啊！慈亲孝子埋葬死者能够避开这些，就获得葬的本义了。

原文

善棺椁①，所以避蝼蚁蛇虫也。今世俗大乱，之主愈侈其葬②，则心非为乎死者虑也，生者以相矜尚也③。侈靡者以为荣④，俭节者以为陋，不以便死为故⑤，而徒以生者之诽誉为务⑥。此非慈亲孝子之心也。父虽死，孝子之重之不怠；子虽死，慈亲之爱之不懈。夫葬所爱所重，而以生者之所甚欲⑦，其以安之也，若之何哉？

注释

①椁：棺材外面的大棺。

②之主：当作“人主”（依孙人和说）。

③矜尚：夸耀。

④侈靡者以为荣：即以侈靡者为荣。侈靡者，奢侈浪费的行为。

⑤便：利。

⑥诽誉：诽谤，赞誉。

⑦所甚欲：十分想得到的东西，即“利”。

译文

使棺椁坚实，是为了避开蝼蚁蛇虫。如今社会风气大坏，君主行葬越来越奢侈，他们心中不是为死者考虑，而是活着的人借以彼此夸耀，争出人上。他们把奢侈浪费的行为看作光荣，把俭省节约的行为看作鄙陋，不把利于死者当回事，只是一心考虑活人的毁谤、赞誉，这不合于慈亲孝子之心。父母虽然死了，孝子对父母的尊重不会懈怠；子女虽然死了，慈亲对他们的疼爱不会减弱。埋葬所疼爱、所尊重的人，却用活着的人十分想得到的东西陪葬，想靠这些东西使死者安宁，其结果会怎么样呢？

原文

民之于利也，犯流矢，蹈白刃，涉血抽肝以求之①。野人之无闻者②，忍亲戚、兄弟、知交以求利③。今无此之危，无此之丑④，其为利甚厚，乘车食肉，泽及子孙。虽圣人犹不能禁，而况于乱？

注释

①涉血：流血。抽肝：这里指残杀。

②野人：与君子相对而言，多指农夫。无闻：不懂礼仪。

③忍亲戚：残忍地对待父母。亲戚，这里指父母。

④丑：耻辱。

译文

百姓对于利，宁肯冒着飞箭，踩着利刃，流血残杀去追求它。不知礼义的野蛮之人宁可残忍地对待父母、兄弟、朋友而去追求利。如今，刨坟掘墓没有这种危险，没有这种耻辱，而得利十分丰厚，可以乘车吃肉，恩惠延及子孙。这种情况即使是圣人尚且禁止不住，更何况昏乱之君呢？

原文

国弥大①，家弥富，葬弥厚。含珠鳞施②，玩好货宝，钟鼎壶滥③，舆马衣被戈剑，不可胜其数。诸养生之具，无不从者。题凑之室④，棺椁数袭⑤，积石积炭，以环其外。奸人闻之，传以相告。上虽以严威重罪禁之，犹不可止。且死者弥久，生者弥疏；生者弥疏，则守者弥怠；守者弥怠而葬器如故，其势固不安矣。

注释

①弥：益，愈。

②含珠：古代贵族葬礼，人死后，要将珍珠放在死者口中。鳞施：玉制的丧服。因联缀玉片制成，套在死者身上如鱼鳞，故名。

③滥：通“鑑”，浴盆。

④题凑：古代贵族死后，椁室用厚木累积而成，木的头皆向里，称“题凑”。题，头。凑，聚。

⑤袭：层。

译文

国越大，家越富，葬物就越丰厚。死者口含的珍珠、身穿的玉衣，赏玩、嗜好的物品，财贷珍宝，钟鼎壶鉴，车马衣被戈剑，数也数不尽。各种养生之器无不随葬。椁室用大木累积而成，好似四面有檐的屋子，里面棺椁数层，并堆积石头、木炭，环绕在棺椁之外．恶人闻知此事，互相传告。君主尽管用严刑重罚禁止他们，仍然禁止不住。再入，死者死去的时间越久远，活着的人对他的盛情就越疏远，感情越疏远，守墓人就越懈怠，守墓人越来越懈怠，可是墓中随葬的器物却同原来一样，这种形势本来就不安全了。

原文

世俗之行丧，载之以大輴①，羽旄旌旗、如云偻翣以督之②，珠玉以佩之，黼黻文章以饬之③，引绋者左右万人以行之④，以军制立之然后可⑤。以此观世⑥，则美矣，侈矣；以此为死，则不可也。苟便于死，则虽贫国劳民，若慈亲孝子者之所不辞为也。

注释

①輴（chūn）：载棺柩的车。

②偻（liǔ）：盖在柩车上的饰物。翣（shà）：用羽毛制成的伞形之物，有柄，持之随柩车而行。

③黼（fǔ）黻（fú）：古代礼服上绘绣的花纹。黑白相间的花纹叫黼，黑与青相间的叫黻。文章：错杂的色彩或花纹。青赤相配叫文，赤白相配为章。饬：通“饰”。

④绋（fú）：牵引棺柩的绳索。

⑤军制：军法。

⑥观世：给世人看。

译文

世俗之人举行葬礼，用大车载着棺柩，各种旗帜、画有云气的偻翣相随，棺柩之上点缀着珠玉，涂饰了各种花纹。灵车左右执绋进葬的有万人，牵引灵车行进，这么多人得用军法指挥才行。举行这种葬礼给世人看，那是够美的了，够盛大的了，但是用这种葬礼安葬死者，那是不行的。倘若厚葬真有利于死者，那么即使这样做会使国家贫困、人民劳苦，慈亲孝子也是不会拒绝做的。

异　宝

原文

古之人非无宝也，其所宝者异也。孙叔敖疾①，将死，戒其子曰②：“王数封我矣③，吾不受也。为我死④，王则封汝，必无受利地⑤。楚、越之间有寝之丘者⑥，此其地不利，而名甚恶⑦。荆人畏鬼，而越人信机⑧。可长有者，其唯此也。”孙叔敖死，王果以美地封其子，而子辞，请寝之丘，故至今不失。孙敖叔之知⑨，知不以利为利矣。知以人之所恶为己之所喜，此有道者之所以异乎俗也。

注释

①孙叔敖：约前630年至前593年在世，芀（wěi）氏，楚国名相。

②戒：古“诫”字，告诫。

③数（shù）：多次。

④为：如果。

⑤利地：肥沃富饶的土地。

⑥寝之丘：春秋楚邑，在今河南固始、沈丘之间。

⑦名：指该地地名。恶：凶险，不吉利。“寝丘”含有陵墓之意，故说“名甚恶”。

⑧机（jī）：迷信鬼神和灾祥。

⑨知：同“智”。

译文

古代的人不是没有宝物，只是他们看作宝物的东西与今人不同。孙叔敖病了，临死的时候告诫他的儿子说：“大王多次赐给我土地，我都没有接受。如果我死了，大王就会赐给你土地，你一定不要接受肥沃富饶的土地。楚国和越国之间有个寝丘，这个地方土地贫瘠，而且地名十分凶险。楚人畏惧鬼，而越入迷信鬼神和灾祥。所以，能够长久占有的封地，恐怕只有这块土地了。”孙叔敖死后，楚王果然把肥沃的土地赐给他的儿子，但是孙叔敖的儿子谢绝了，请求赐给寝丘，所以这块土地至今没有被他人占有。孙叔敖的智慧在于懂得不把世俗心目中的利益看作利益。懂得把别人所厌恶的东西当作自己所喜爱的东西，这就是有道之人之所以不同于世俗的原因。

原文

宋之野人耕而得玉①，献之司城子罕②，子罕不受。野人请曰：“此野人之宝也，愿相国为之赐而受之也。”子罕曰：“子以玉为宝，我以不受为宝。”故宋国之长者曰：“子罕非无宝也，所宝者异也。”

注释

①野人：乡野之人，指农夫。

②司城：古代官名，即司空，相当于丞相，为春秋时宋国所设置。子罕：人名，春秋时宋国执政大臣。

译文

宋国一个农夫耕地得到了一块玉，把它献给司城子罕，子罕不接受。农夫请求说："这是我的宝物，希望相国赏小人脸而把它收下。"于罕说："你把玉当作宝物，我把不接受别人的赠物当作宝物。"所以来宋德高望重的人说："子罕不是没有宝物，只是他当作宝物的东西与别人不同啊！"

原文

今以百金与抟黍以示儿子①，儿子必取抟黍矣；以和氏之璧与百金以示鄙人②，鄙人必取百金矣；以和氏之璧、道德之至言以示贤者，贤者必取至言矣③。其知弥精④，其所取弥精；其知弥粗，其所取弥粗。

注释

①抟（tuán）黍：黄米做的饭团子。

②和氏之璧：春秋时著名宝物，为楚人和氏（卞和）所得，世称"和氏之璧"。鄙人：粗俗无知的人。

③至言：至理名言。

④弥：更加。

译文

假如现在把百金和黄米饭团摆在小孩的面前，小孩一定去抓黄米饭团了；把和氏之璧和百金摆在鄙陋无知的人面前，鄙陋无知的人一定拿走百金了。把和氏之璧和关于道德的至理名言摆在贤人面前，贤人一定听取至理名言了。他们的智慧越精深，所取的东西就越珍贵，他们的智慧越低下，所取的东西就越粗陋。

卷十一　仲冬纪

当　务

原文

辨而不当论[①]，信而不当理，勇而不当义，法而不当务[②]，惑而乘骥也[③]，狂而操吴干将也[④]，大乱天下者，必此四者也[⑤]。所贵辨者，为其由所论也；所贵信者，为其遵所理也；所贵勇者，为其行义也；所贵法者，为其当务也。

注释

①辨：通“辩”，争辩。当论：合乎事理的论述。

②法：守法。

③骥：好马。

④干将：古代名剑。相传春秋时吴国铸剑师干将与妻子莫邪曾为吴王阖闾铸阴阳剑，锋利无比。阳剑命名为“干将”，阴剑则叫“莫邪”。

⑤四者：指前文提到的辨、信、勇、法四个方面。

译文

辩说而不合道理，诚实而不合理义，勇敢而不合正义，守法而不合时务，这就像人精神迷乱却乘着快马一样，像人神志颠狂却握着利剑一样，大乱天下的，一定是以上四种行为。辩说之可贵在于它遵从道理，诚实之可贵在于它遵循理义，勇敢之可贵在于它伸张正义，守法之可贵在于它合于时务。

原文

跖之徒问于跖曰①："盗有道乎？"跖曰："奚啻其有道也②？夫妄意关内中藏③，圣也；人先，勇也；出后，义也；知时，智也；分均，仁也。不通此五者而能成大盗者，天下无有。"倪说非六王、五伯④，以为尧有不慈之名⑤，舜有不孝之行⑥，禹有淫湎之意⑦，汤、武有放杀之事⑧，五伯有暴乱之谋⑨。世皆誉之，人皆讳之，惑也。故死而操金椎以葬⑩，曰："下见六王、五伯，将敲其头矣！"辨若此不如无辨。

注释

①跖：传说中春秋时著名的大盗。

②奚啻（chì）：何止，岂止。

③妄意：臆测。关：门闩，闩门的横木。此处借指门。中：猜中。

④六王：指尧、舜、禹、汤、周文王、周武王。五伯：即春秋五霸。

⑤尧有不慈之名：传说尧杀长子丹朱。

⑥舜有不孝之行：传说舜放逐他的父亲瞽瞍。

⑦禹有淫湎之意：传说帝女令仪造酒，进献给禹，禹饮后认为很甘美，所以有"淫湎"之说。

⑧汤、武有放杀之事：商汤起兵伐夏桀，驱逐流放桀至南巢；武王伐殷纣，纣王兵败自焚于宫廷。

⑨五伯有暴乱之谋：指春秋五霸为争霸主之位，骨肉相残，相互以暴力相争。

⑩棰：通"槌"。

译文

跖的徒党问跖说："强盗有道义吗？"跖说："何只是有道义啊！猜测室内所藏之物而能猜中就是圣，带头进去就是勇，最后离去就是义，懂得时机就是智，分利均匀就是仁。不通晓这五点而能成为大盗的，天下没有。"跖以辩说非难六王．五霸，认为尧有不慈的名声，舜有不孝的行为，禹有沉湎于酒的意愿，商汤、武王有放逐，杀死他们君主的罪行，五霸有侵暴必乱的图谋。然而世世代代都赞誉他们，人们都回避不谈他们的罪恶，真是糊涂。所以跖吩咐自己死后要持金锤下葬，他说："下到黄泉，见到六王，五霸，要击碎他们的头。"辩说要像这样不如没有。

原文

楚有直躬者①，其父窃羊而谒之上②。上执而将诛之③。直躬者请代之。将诛矣，告吏曰："父窃羊而谒之，不亦信乎？父诛而代之，不亦孝乎？信且孝而诛之，国将有不诛者乎？"荆王闻之，乃不诛也。孔子闻之曰："异哉！直躬之为信也。一父而载取名焉④。"故直躬之信不若无信。

注释

①直躬：以正直之道行事的人。

②谒：告，告发。上：官府。

③执：抓住。

④载：通"再"，两次。

译文

楚国有个"直道立身的人，他的父亲偷了羊，他向官府告发了这事。官府抓住了他的父亲，将要处死。这个以直道立身的人请求代父受刑。将要行刑的时候，他告诉官吏说："父亲偷羊而告发这件事，这样的人不是很诚实吗？父亲受罚而代他受刑，这样的人不是很孝顺吗？又诚实又孝顺的人都要杀掉，那么国家还有不遭刑罚的人吗？"楚王听说了这番话，就不杀他了。孔子闻知这件事说："这个人的所谓诚实太怪了，利用一个父亲却两次为自己捞取名声"，所以像"直躬"这样的诚实不如没有。

原文

齐之好勇者，其一人居东郭①，其一人居西郭。卒然相遇于涂②，曰："姑相饮乎③？"觞数行④，曰："姑求肉乎？"一人曰："子，肉也；我，肉也；尚胡革求肉而为⑤？于是具染而已⑥。"因抽刀而相啖，至死而止。

勇若此不若无勇。

注释

①郭：外城。

②卒然：突然，忽然。涂：通“途”。

③姑：姑且，暂且。

④觞：古代饮酒器。这里用作动词，指举觞饮酒。

⑤革：更，另。

⑥具染：备办调味料。染，豆豉酱。

译文

齐国有两个好夸耀自己勇敢的人，一人住在城东，另一人住在城西。一天，他们在路上意外地相遇了，彼此说：“姑且一起饮几杯吧？”斟过几遍酒，一个说：“还是弄点肉吧？”另一人说：“你身上有的是肉，我身上也有的是肉，何必另去弄肉呢？在这儿准备一点豉酱就够了！”于是两人拔出刀割下身上的肉对吃起来，一直到死。勇敢要像这样不如没有。

原文

纣之同母三人，其长曰微子启①，其次曰中衍②，其次曰受德。受德乃纣也③，甚少矣。纣母之生微子启与中衍也，尚为妾，已而为妻而生纣。纣之父、纣之母欲置微子启以为太子，太史据法而争之曰：“有妻之子，而不可置妾之子。”纣故为后④。用法若此，不若无法。

注释

①微子启：商帝乙的长子，名启，纣的庶兄，因多次谏纣，纣不听，于是出走。周灭商后，微子启向周称臣，被封于宋，统领殷族。

②中衍：帝乙次子，微子启死后，继为宋君。

③受德乃纣：纣名受，此处说纣名“受德”，疑有误。

④后：此处指王位继承人。

译文

商纣的同母兄弟共三人，长兄叫微子启，老二叫中衍，老三叫受德。受德就是纣，年龄最小。纣的母亲生微子启和中衍的时候还是妾，后来成为正妻而生下纣。纣的父母想要立微子启为太子，太史依据法典为此事争辩说："有正妻的儿子在，就不可立妾的儿于作太子。"纣因此成为王位的继承人。用法要像这样，不如没有法。

长　见

原文

智所以相过①，以其长见与短见也。今之于古也，犹古之于后世也；今之于后世，亦犹今之于古也。故审知今则可知古，知古则可知后，古今前后一也。故圣人上知千岁，下知千岁也。

注释

①过：这里指有差异。

译文

人们的智力之所以彼此有差异，是由于有的人具有远见，有的人目光短浅。今天跟古代的关系，就像是古代跟将来的关系一样，今天跟将来的关系，也就像是今天跟古代的关系一样。所以，清楚地了解今天，就可以知道古代，知道古代就可以知道将来。古今前后是一脉相承的，所以圣人够上知千年，下知千年。

原文

荆文王曰①："苋嘻数犯我以义②，违我以礼，与处则不安，旷之而不毂得焉③。不以吾身爵之④，后世有圣人，将以非不毂。"于是爵之五大夫[5]。"申侯伯善持养吾意[6]，吾所欲则先我为之，与处则安，旷之而不穀丧焉。不以吾身远之，世有圣人，将以非不穀。"于是送而行之。申侯伯如郑，阿郑君之心[7]，先为其所欲，后三年而知郑国之政也[8]，五月而郑人杀之。是后世之圣人使文王为善于上世也。

注释

①荆文王：即楚文王，春秋时楚国国君。名赀，前 689—前 677 年在位。

②苋嘻：人名，楚文王之臣。

③旷：日久。不穀：春秋时诸侯自称时用的谦词。

④爵：封爵。

⑤五大夫：爵位名。

⑥申侯伯：人名，楚文王之臣。持养：迎合，助长。

⑦阿：屈从、迎合。

⑧知：掌管，主持。

译文

楚文王说："苋嘻多次据义冒犯我，据礼拂逆我的心意，跟他在一起就感到不安，但久而久之，我执中有所得。如果我不亲自授予他爵位，后代如有圣人，将要因此责难我。"于是授予他五大夫爵位。文王又说："申侯伯善于把握并迎合我的心意，我想要什么，他就在我之前准备好什么，跟他在一起就感到安逸，久而久之，我从中有所失。如果我不疏远他，后代如有圣人，将要因此责难我。"于是送走了他。申侯伯到了郑国，曲从郑君的心意，事先准备好郑君想要的一切，经过三年就执掌了郑国的国政，但仅仅五个月郑人就把他杀了。这是后代的圣人使文王在前世做了好事。

原文

晋平公铸为大钟[1]，使工听之[2]，皆以为调矣[3]。师旷曰[4]："不调，请更铸之。"平公曰："工皆以为调矣。"师旷曰："后世有知音者⑤，将知钟之不调也，臣窃为君耻之。"至于师涓而果知钟之不调也⑥。是师旷欲善调钟，以为后世之知音者也。

注释

①晋平公：春秋时晋国国君，名彪，前557—前532年在位。

②工：乐工。

③调：调和。

④师旷：春秋时期著名乐师，名旷，字子野。目盲。相传他精通音律。

⑤知音：精通音律。

⑥师涓：春秋时期卫灵公的乐官，精通音律。

译文

晋平台铸成大钟，让乐工审听钟韵声音，乐工都认为钟声很和谐了。师旷说："钟声还不和谐，请重新铸造它。"平公说："乐工都认为很和谐了。"师旷说："后代如有精通音律的人，将会知道钟声是不和谐的。我私下为您因此而感到羞耻。"到了后来，师涓果然指出钟声不和谐。由此看来，师旷想要使钟声更为和谐，是考虑到后代有精通音律的人啊！

原文

吕太公望封于齐①，周公旦封于鲁②，二君者甚相善也。相谓曰："何以治国?"太公望曰："尊贤上功③。"周公旦曰："亲亲上恩。"太公望曰："鲁自此削矣。"周公旦曰："鲁虽削，有齐者亦必非吕氏也。"其后，齐日以大，至于霸，二十四世而田成子有齐国④。鲁公以削⑤，至于觐存⑥，三十四世而亡。

注释

①吕太公望：即姜子牙，本名吕尚。姜，姓。吕，氏。太公望，号。其封邑为齐国。

②周公旦：周文王子，周武王弟，名旦。武王崩，成王年少，代摄政七年，史称周公，鲁国为其封邑。

③上：尚，崇尚。

④田成子：即田恒（又名田常），齐国正卿。齐简公四年，田恒弑简公，拥立平公，自任齐相，齐国之政尽归田氏。

⑤公：当是“日”字之误。

⑥觐：通“仅”。

译文

太公望封在齐国，周公旦封在鲁国，两位君主十分友好。他们在一起互相讨论说：“靠什么治理国家？”太公望说：“尊敬贤人，崇尚功绩。”周公旦说：“亲近亲人，崇尚恩爱。”太公望说：“照这样，鲁国从此就要削弱了。”周公旦说：“鲁国虽然会削弱，但后世占有齐国的，也肯定不是吕氏了。”后来，齐国日益强大，以至于称霸诸侯，但传到二十四代就被田成子占据了。鲁国也日益削弱，以至于仅能勉强维持生存，传到三十四代也灭亡了。

原文

吴起治西河之外①，王错谮之于魏武侯②，武侯使人召之。吴起至于岸门③，止车而望西河，泣数行而下。其仆谓吴起曰④：“窃观公之意，视释天下若释蹝⑤，今去西河而泣，何也？”吴起抿泣而应之曰⑥：“子不识。君知我而使我毕能，西河可以王。今君听谗人之议而不知我，西河之为秦取不久矣，魏从此削矣。”吴起果去魏入楚。有间，西河毕入秦，秦日益大。此吴起之所先见而泣也。

注释

①吴起：卫国人，后为魏国将军，善用兵。西河：指今山西、陕西界上黄河南北流向最南的一段，为战国时魏国黄河西岸的土地。

②王错：魏国大将，后投奔韩国。谮：说坏话诬陷别人。魏武侯：名击，魏文侯之子，前395—前370年在位。前376年，与韩、赵共灭晋。

③岸门：魏邑，在今山西河津南。

④仆：指驾驭马车的人。

⑤释：丢弃。蹝（xǐ）：草鞋。

⑥抿泣：揩拭眼泪。

译文

吴起治理西河，王错在魏武侯面前诋毁他，武侯派人把吴起召回。吴起走到岸门，停下车，回头遥望西河，眼泪一行行流了下来。他的车夫对他说："我私下观察您的心志，把舍弃天下看得就像扔掉鞋子一样。如今离开西河，您却流了泪，这是什么缘故啊？"吴超擦去眼泪回答说："你不知道。如果君主了解信任我，使我尽自己所能，那么我凭着西河就可以帮助君主成就王业。如今君主听信了小人的馋言，而不信任我，西河被秦国攻取的日子不会久了，魏国从此要削弱了。"吴起最后离开魏国，去了楚国。不久，西河全部被秦国吞并了，秦国日益强大。这正是吴起所预见到并为之流泪的事。

原文

魏公叔座疾①，惠王往问之②，曰："公叔之病，嗟！疾甚矣！将奈社稷何？"公叔对曰："臣之御庶子鞅③，愿王以国听之也。为不能听④，勿使出境。"王不应，出而谓左右曰："岂不悲哉？以公叔之贤，而今谓寡人必以国听鞅，悖也夫⑤！"公叔死，公孙鞅西游秦，秦孝公听之。秦果用强⑥，魏果用弱。非公叔座之悖也，魏王则悖也。夫悖者之患，固以不悖为悖。

注释

①公叔座：战国魏惠王时魏国丞相。

②惠王：魏惠王，名罃，前369—前318年在位。

③御庶子鞅：即公孙鞅，卫国人，又名卫鞅，战国中期杰出的政治家，初为魏相公叔座的家臣，后入秦辅助孝公实行变法，奠定了秦国富强的基础。曾被封于商，史称商鞅。御庶子：官名。

④为：如果。

⑤悖：荒谬。

⑥用：因此。

译文

魏相公叔座病了，惠王去探望他，说："公叔您的病，唉！病得很沉重了，国家该怎么办呢？"公叔回答说："我的家臣御庶子公孙鞅很有才能，希望大王您能把国政交给他治理。如果不能任用他，不要让他离开魏国。"惠王没有回答，出来对左右侍从说："难道不可悲吗？凭公叔这样的贤明，而今竟叫我一定要把国政交给公孙鞅治理，太荒谬了！"公叔死后，公孙鞅向西游说秦国，秦孝公听从了他的意见。秦国果然因此强盛起来，魏国果然因此削弱下去。由此看来，并不是公叔座荒谬，而是惠王自己荒谬啊！大凡行事荒谬的人的弊病，必是把不荒谬当成荒谬。

卷十二　季冬纪

介　立

原文

以贵富有人易，以贫贱有人难。今晋文公出亡[1]，周流天下[2]，穷矣，贱矣，而介子推不去[3]，有以有之也[4]。反国有万乘[5]，而介子推去之，无以有之也。能其难，不能其易，此文公之所以不王也。

注释

①今：疑为“昔”之误。晋文公：春秋五霸之一，名重耳，晋献公的太子申生的异母弟。遭骊姬之乱，太子申生被杀，重耳避难在逃十九年。

②周流：遍行。

③介子推：春秋时期晋国人，他跟随重耳流亡十九年，备受艰辛。重耳返国继位后，他不肯受赏，与母亲一起隐居山中，终身不仕。去：离开。

④有以有之：有值得拥有的某种东西，这里指人格魅力。

⑤反：通“返”。

译文

靠富贵受人拥戴容易，靠贫贱受人拥戴很难。从前晋文公逃亡在外，遍行天下，困窘极了，贫贱极了，然而介子推一直不离开他，这是由于晋文公具有受他拥戴的德行。晋文公退回晋国后，拥有万辆兵车，然而介子推却离开了他，这是由于当时文公已经没有受他拥戴的德行了。困难的事情能做到，而容易的事情却做不到，这正是文公不能成就王业的原因啊！

原文

晋文公反国，介子推不肯受赏，自为赋诗曰："有龙于飞①，周遍天下。五蛇从之②，为之丞辅③。龙反其乡，得其处所。四蛇从之，得其露雨④。一蛇羞之⑤，桥死于中野⑥。"悬书公门⑦，而伏于山下⑧。文公闻之曰："嘻！此必介子推也。"避舍变服⑨，令士庶人曰："有能得介子推者，爵上卿，田百万。"或遇之山中，负釜盖簦⑩，问焉，曰："请问介子推安在?"应之曰："夫介子推苟不欲见而欲隐，吾独焉知之?"遂背而行，终身不见。

注释

①有龙于飞：喻晋文公重耳当年离国逃亡事。龙，喻指晋文公。于，动词词头，无意义。

②五蛇：喻跟随重耳出亡的五位贤士，即赵衰、狐偃、贾佗、魏犨(chōu)、介子推。

③丞辅：辅佐。

④露雨：喻君主的恩泽。

⑤一蛇：介子推自喻。

⑥桥死：槁死、枯死。桥，"槁"字之误。中野：野外。

⑦书：指介子推所赋的诗。

⑧伏：藏匿，这里指隐居。山：当为緜上山。

⑨避舍变服：离开原来居住的屋子，换平常穿的衣服。意在引咎自责。

⑩釜：饮器，敛口，有的有二耳。簦（dēng)：有长柄的斗笠，类似今天的雨伞。

译文

晋文公返回晋国后，介子推不肯接受封赏，他为自己赋诗道："有龙飞翔，遍行天下。五蛇追随，甘当辅佐。龙返故乡，得其归所。四蛇追随，享其恩泽。一蛇羞惭，枯死荒野。"他把这首诗悬挂在文公门前，自己隐居山下。文公闻知这件事说：“啊！这一定是介子推。”于是文公离开宫室居住，改穿凶丧之服，以示自责，并向士民百姓下令说：“有能找到介子推的，赏赐上卿爵位，田百万亩。”有人在山中遇到介子推，见他背着釜，上插一把长柄笠作为伞盖，就问他说：“请问介子推住在哪儿?”介子推回答说：“那介子推如果不想出仕而想要隐居，我怎么会单单知道他?”说罢就转过身走了，终生不做官。

原文

人心之不同，岂不甚哉？今世之逐利者，早朝晏退①，焦唇干嗌②，日夜思之，犹未之能得；今得之而务疾逃之，介子推之离俗远矣。

注释

①晏：晚。

②嗌（yì）：咽喉。

译文

人心不同难道不是十分悬殊吗？如今世上追逐私利的人，尽管早早就上朝，很晚才退朝回来，口干舌燥，日夜思虑，仍然未能得以满足。而今介子推可以得到名利却务求赶快避开它，介子推的节操超离世俗太远了。

原文

东方有士焉，曰爰旌目①，将有适也，而饿于道。狐父之盗曰丘②，见而下壶餐以铺之③。爰旌目三铺之而后能视，曰：“子何为者也?”曰：“我狐父之人丘也。”爰旌目曰：“嘻！汝非盗邪？胡为而食我④？吾义不食子之食也。”两手据地而吐之⑤，不出，喀喀然遂伏地而死。

注释

①爰旌目：人名。

②狐父：古地名。丘：人名。

③壶餐：用壶盛的汤饭或其他熟食。餔（bù）：给……吃。

④食（sì）：给……吃。

⑤据地：双手抓着地。

译文

东方有个士名叫爰旌目，将要到某地去，却饿晕在路上。狐父那个地方一个名叫丘的强盗看见了，摘下盛有水饭的壶去喂他。爰旌目咽下三口之后眼睛才能看见，他问："你是干什么的？"回答说："我是狐父那个地方的人，名叫丘。"爰旌目说："你不是强盗吗？为什么给我吃东西？我信守节义决不吃你的食物！"说罢，两手抓地往外吐那咽下去的饭，吐不出来，喀喀一阵就趴在地上死了。

原文

郑人之下𪌗也①，庄蹻之暴郢也②，秦人之围长平也③，韩、荆、赵，此三国者之将帅贵人皆多骄矣，其士卒众庶皆多壮矣，因相暴以相杀，脆弱者拜请以避死，其卒递而相食④，不辨其义，冀幸以得活。如爰旌目已食而不死矣，恶其义而不肯不死⑤。今此相为谋⑥，岂不远哉？

注释

①下：攻占。

②庄蹻：楚威王时楚国大盗。暴：侵掠。郢：楚国国都。

③秦人之围长平：指秦将白起围赵括于长平，坑杀四十万众之事。

④递：一个接一个地。

⑤恶其义：指厌恶施舍给自己东西的人的品行。

⑥今：当作"令"。

译文

郑人攻陷𪌗邑的时候，庄蹻劫掠郢都的时候，秦人围困长平的时候，韩、荆、赵这三个国家的将帅贵族都很骄傲自恣，三国的士卒百姓都很强壮有力，于是他们相互欺凌，自相残杀，而怯弱的人跪拜乞求免死，到最后，人们交替相食，根本不分辨正义与否，只希望侥幸得以活命。至于爰旌目，已经吃了食物，不会死了，但他憎恶狐父之盗的不义，因而不肯不死。若让三国的将士和爰旌目一起商议事情，他们之间相差得岂不是太远了吗！

卷十三　有始览

去　尤

原文

世之听者，多有所尤[①]。多有所尤，则听必悖矣。所以尤者多故，其要必因人所喜[②]，与因人所恶。东面望者不见西墙，南乡视者不睹北方[③]，意有所在也。

注释

①尤：通“囿”，蒙蔽、局限。

②要：关键。

③乡：通“向”。

译文

世上凭着听闻下结论的人，往往有所局限。往往有所局限，那么凭听闻下的结论必定是谬误的了。受局限的原因很多，其关键必定在于人的有所喜爱和有所憎恶。面向东望的人，看不见西面的墙，朝南看的人，望不见北方。这是因为心意专于一方啊。

原文

人有亡铁者[①]，意其邻之子[②]。视其行步，窃铁也；颜色，窃铁也；言语，窃铁也；动作态度，无为而不窃铁也[③]。扫其谷而得其铁[④]，他日，复见其邻之子，动作态度，无似窃铁者。其邻之子非变也，己则变矣。变也者无他，有所尤也。

注释

①铁（tiě）：斧子。

②意：疑。

③无为：没有。

④扣（hú）：翻动。

译文

有一个丢了斧子的人，猜疑是他邻居的儿子偷的。看他走路的样子，像偷斧子的。看他的眼色，像偷斧子的，听他说话，像偷斧子的；看他的举止神志，没有一样不像偷斧子的。这个人挖坑的时候，找到了他的斧子。过了几天，又看见他邻居的儿子，举止神态，没有一样像偷了斧子的。他邻居的儿子没有改变，他自己却改变了，他改变的原因没有别的，是因为原来有所局限。

原文

鲁有恶者①，其父出而见商咄②，反而告其邻曰："商咄不若吾子矣。"且其子至恶也，商咄至美也。彼以至美不如至恶，尤乎爱也。故知美之恶，知恶之美，然后能知美恶矣。《庄子》曰③："以瓦投者翔④，以钩投者战⑤，以黄金投者殆⑥。其祥一也⑦，而有所殆者，必外有所重者也。外有所重者泄⑧，盖内掘⑨。"鲁人可谓外有重矣。

注释

①恶：丑陋。

②商咄：人名。春秋时鲁国有名的美男子。

③引文见《庄子·达生》，文字略有出入。

④瓦：古代纺丝时用来绕丝的纺砖。投：《庄子》中均作"注"，投注之意。翔：安详，坦然。

⑤钩：衣带钩。战：惧，担心。

⑥殆：迷惑。

⑦祥：好，这里指赌技高超。

⑧泄：狎，亲近。

⑨内掘：内心不安。

译文

鲁国有个丑陋的人，他的父亲出门看见商咄，回来以后告诉他的邻居说："商咄不如我儿子。"然而他儿子是极丑陋的，商咄是极漂亮的，他却认为极漂亮的不如极丑陋的，这是被自己的偏爱所局限。所以，知道了漂亮可以被认为是丑陋，丑陋可以被认为是漂亮，然后就能知道什么是漂亮，什么是丑陋了。《庄子》说："用纺锤作赌注的内心坦然，用衣带钩作赌注的心里发慌，用黄金作赌注的感到迷惑。他们的赌技是一样的，然而所以感到迷惑，必然是因为对外物有看重的东西。对外物有看重的东西，就会对它亲近，因而内心就会不安详。"那个鲁国人可以说是对外物有看重的东西了。

原文

解在乎齐人之欲得金也，及秦墨者之相妒也①，皆有所乎尤也。老聃则得之矣，若植木而立乎独②，必不合于俗，则何可扩矣③。

注释

①两事详见《吕氏春秋·去宥》。前一件事是说齐国有个人想得到金子就去夺别人的金子，只看见金子看不见人。后一件事说秦国的墨家子弟相互妒忌，致使秦惠王偏听偏信。两事都是"有所尤"造成的。

②植木：直立的木头。

③扩：扩充。此处指心神因受到外物干扰而不安。

译文

这道理体现在齐国人想得到金子，以及秦国的墨者互相嫉妒上，这些都是因为有所局限啊。老聃就懂得这个道理，他像直立的木头一样自行其事，这样必然与世俗不合，那么还能有什么能使他内心不安呢？

听　言

原文

听言不可不察，不察则善不善不分。善不善不分，乱莫大焉。三代分善不善，故王。今天下弥衰，圣王之道废绝。世主多盛其欢乐①，大其钟鼓，侈其台榭苑囿②，以夺人财；轻用民死③，以行其忿④。老弱冻馁，夭瘠壮狡⑤，汔尽穷屈⑥，加以死虏。攻无罪之国以索地，诛不辜之民以求利，而欲宗庙之安也，社稷之不危也，不亦难乎？

注释

①盛其欢乐：使其快乐盈盛。盛，用作使动，下文“大”“侈”用法相同。

②苑囿：养禽兽、植树林的地方。

③轻：轻易。

④忿：通“愤”。

⑤夭瘠壮狡：使强壮有力的人早死或遭灾祸。瘠，灾，病。狡，强壮有力。

⑥汔（qì）：几乎。穷屈：穷困无措，走投无路。

译文

听到话不可不考察，不考察，那么好和不好就不能分辨。好和不好不能分辨，祸乱没有比这更大的了。夏、商、周三代能分辨好和不好，所以能称王天下。如今世道更加衰微，圣王之道被废弃灭绝。当世的君主尽情寻欢作乐，把钟鼓等乐器造得很大，把台榭园林修得很豪华，因而耗费了人民的钱财，随随便便让人民去送命，来发泄自己的愤怒。年老体弱的人受冻挨饿，强壮有力的人被弄得夭折瘦弱，几乎都落到走投无路的地步，又把死亡和被俘的命运加在他们身上。攻打没有罪的国家以便掠取土地，杀死没有罪的人民以便夺取利益。这样做却想让宗庙平安，让国家不危险，不是很难吗？

原文

今人曰："某氏多货，其室培湿①，守狗死，其势可穴也②。"则必非之矣。曰："某国饥③，其城郭庳④，其守具寡，可袭而篡之。"则不非之。乃不知类矣。《周书》曰⑤："往者不可及⑥，来者不可待，贤明其世⑦，谓之天子。"故当今之世，有能分善不善者，其王不难矣。

注释

①培：房屋的后墙。

②穴：用作动词，挖洞。

③饥：饥荒之年，年成不好。

④城郭：本指外城，此处指城墙。庳（bì）：低矮。

⑤《周书》：古佚书。

⑥及：赶上。

⑦贤明其世：使其世道贤明。

译文

假如有人说："某某人有很多财物，他家房屋的后墙很潮湿，看家的狗死了，这是可以挖墙洞的好机会。"那么一定要责备这个人。如果说："某某国遇到荒年，它的城墙低矮，它的防守器具很少，可以偷袭并且夺取它。"对这样的人却不责备。这就是不知道类比了。《周书》中说："逝去的不可追回，未来的不可等待，能使世道贤明的，就叫做天子。"所以在今天的社会上，有能分辨好和不好的，他称王天下是不难的。

原文

善不善本于义，不于爱①。爱利之为道大矣。夫流于海者，行之旬月②，见似人者而喜矣。及其期年也③，见其所尝见物于中国者而喜矣④。

夫去人滋久[5]，而思人滋深欤！乱世之民，其去圣王亦久矣。其愿见之，日夜无间。故贤王秀士之欲忧黔首者[6]，不可不务也[7]。

注释

①本于义，不于爱：文字有讹，应作“本于利，本于爱”。

②旬：十天。月：一个月。

③期年：满一年。

④中国：中原之国。

⑤滋：越发，益。

⑥秀士：杰出的人。

⑦务：勉力。

译文

好和不好的关键在于爱，在于利，爱和利作为原则来说是太大了。在海上漂泊的人，漂行一个月，看到像人的东西就很高兴。等到漂行一年，看到曾在中原之国看到过的东西就很高兴了。这就是离开人越久，想念人就越厉害吧！混乱社会的人民，他们离开圣王也已经很久了，他们希望见到圣王的心情，白天黑夜都不间断。所以那些想为百姓忧虑的贤明君主和杰出人士，不可不在这方面努力啊。

原文

功先名，事先功，言先事[1]。不知事，恶能听言[2]？不知情，恶能当言？其与人谷言也[3]，其有辩乎[4]，其无辩乎？

注释

①功先名，事先功，言先事：陈奇猷《吕氏春秋新校释》说：“此文疑当作‘事先功，功先名，名先言，言先事’。谓欲举事必先度其功，欲度其功必先正其名，欲正其名必先审其言，欲审其言必先名其事。如此，义方通顺。”

②恶（wū）：何。

③人谷言：此句意难通，依陶鸿庆说，人，当作“夫”，发语词；谷（繁体作“穀”）言，当为“彀（kòu）言”，即初生小鸟的叫声。

④辩：通“辨”，区别。

译文

功绩先于名声，事情先于功绩，言论先于事情。不了解事情的实质，怎么能听信言论？不了解内情，怎么能使言论与事实相符？如果不能这样，那么人言与鸟音，是有区别呢，还是没有区别呢？

原文

造父始习于大豆①，蜂门始习于甘蝇②，御大豆③，射甘蝇，而不徙人以为性者也④。不徙之，所以致远追急也⑤，所以除害禁暴也。凡人亦必有所习其心，然后能听说。不习其心，习之于学问。不学而能听说者，古今无有也。解在乎白圭之非惠子也⑥，公孙龙之说燕昭王以偃兵及应空洛之遇也⑦，孔穿之议公孙龙⑧，翟翦之难惠子之法⑨。此四士者之议，皆多故矣，不可不独论⑩。

注释

①造父、大豆：都是古代善于驾车之人。

②蜂门、甘蝇：都是古代善于射箭之人。

③御大豆：向大豆学习驾车。“御”后省略了介词“于”，下句“射甘蝇”亦同。

④不徙人以为性：意思是不转换学习的老师或专业，是学有所成的根本。

⑤致远追急：指学会驾车的功用。下句“除害禁暴”指的是射箭的功用。

⑥白圭：魏国人，名丹，字圭。惠子：宋国人，姓惠，名施，庄子的好朋友，曾仕魏。他们两人初次见面就相互辩论、非难。事见《吕氏春秋·不屈》。

⑦公孙龙：魏国人，名家代表人物。燕昭王：战国时燕国国君，名

平，前311—前279年在位，以筑黄金台招贤纳士著名。偃：止息。公孙龙说燕昭王偃兵之事详见《吕氏春秋·应言》。空洛之遇：指秦国与赵国在空洛的一次会盟，事详见《吕氏春秋·淫辞》。遇，会盟。

⑧孔穿：字子高，孔子的后代。孔穿议公孙龙之事见《吕氏春秋·淫辞》。

⑨翟翦：魏国人，翟璜的后代。惠施为魏惠王制定法令，翟翦认为此法"善而不可行"。详见《吕氏春秋·淫辞》。

⑩独论：熟论，仔细论别。

译文

造父最初向大豆学习的时候，蜂门最初向甘蝇学习的时候，向大豆学习驭术，向甘蝇学习射术，专心不渝，以此作为自己的本质。专心不渝，这是他们所以能学到致远追急的驭术、除暴禁害的射术的原因。大凡人也一定要修养自己的心性，然后才能正确听取别人的议论。不修养自己的心性，也要研习学问。不学习而能正确听取意见的，从古到今都没有。这道理体现在白圭非难惠子、公孙龙以消除战争劝说燕昭王以及应付秦赵的空洛盟约，孔穿非议公孙龙、翟翦责难惠子制定的法令等方面。这四个人的议论，都包含着充足的理由，对比是不可不认真辨察清楚的。

卷十四　孝行览

孝　行

原文

凡为天下，治国家，必务本而后末①。所谓本者，非耕耘种植之谓，务其人也。务其人，非贫而富之，寡而众之，务其本也。务本莫贵于孝。人主孝，则名章荣②，下服听③，天下誉；人臣孝，则事君忠，处官廉，临难死；士民孝，则耕芸疾④，守战固，不罢北⑤。夫孝，三皇五帝之本务⑥，而万事之纪也。

注释

①务本：致力于本。

②章荣：彰显荣耀。章，同“彰”。

③服听：归顺听命。

④芸：通“耘”，耕耘。疾：奋力，尽力。

⑤罢：通“疲”，疲惫。北：战败而逃。

⑥本务：根本事务。

译文

凡是统治天下，治理国家，必先致力于根本，而把非根本的东西放在后边。所谓根本，不是说的耕耘种植，而是致力于人事、致力于人事，不是人民贫困而让人民富足，人口稀少而让人口众多，而是致力于根本。致力于根本，没有比孝道更重要的了，君主做到孝，那么名声就卓著荣耀，下面的人就服从，天下的人就赞誉；臣子做到孝，那么侍奉君主就忠诚，居官就清廉，面临灾难就能献身，士人百姓做到孝，那么耕耘就用力，攻必克，守必固，不疲困，不败逃。孝道，是三皇五帝的根本，是各种事情的纲纪。

原文

夫执一术而百善至，百邪去，天下从者，其惟孝也[①]！故论人必先以所亲，而后及所疏；必先以所重，而后及所轻。今有人于此，行于亲重，而不简慢于轻疏[②]，则是笃谨孝道[③]。先王之所以治天下也。故爱其亲，不敢恶人；敬其亲，不敢慢人。爱敬尽于事亲，光耀加于百姓，究于四海，此天子之孝也。

注释

①其：表委婉的语气词。

②简慢：轻忽怠慢。轻疏：卑贱者和疏远者。

③笃谨：笃厚谨慎。

译文

掌握了一种原则因而所有的好事都会出现，所有的坏事都去掉，天下都会顺从，大概只有孝道吧！所以评论人一定先根据他对亲人的态度，然后再推及到他对一般人的态度；一定先依据他对关系重要之人的态度，然后再推及到他对关系轻微之人的态度。假如有这样一个人，对跟他关系亲近重要的人行孝道，而对跟他关系轻微疏远的人也不怠慢，那么这就是谨慎笃厚于孝道了。这就是先王用来治理天下的方法啊！所以，热爱自己的亲人，不敢厌恶别人，尊敬自己的亲人，不敢怠慢别人。把热爱尊敬全都用在侍奉亲人上，把光明施加在百姓身上，推广到普天下。这些就是天子的孝道啊！

原文

曾子曰：“身者，父母之遗体也[①]。行父母之遗体，敢不敬乎？居处不庄[②]，非孝也；事君不忠，非孝也；莅官不敬[③]，非孝也；朋友不笃[④]，非孝也；战陈无勇[⑤]，非孝也。五行不遂[⑥]，灾及乎亲，敢不敬乎？”

《商书》曰：“刑三百，罪莫重于不孝。”

注释

①遗体：古人认为子女的身体为父母所生，因而可称子女的身体为父母之“遗体”。

②庄：恭敬。

③莅官：做官。

④笃：忠诚厚道。

⑤战陈：交战对阵。陈，通“阵”。

⑥五行：上文所提居处、事君、莅官、交友、战阵五种行为的状态。

译文

曾子说：“人的身体是父母所生，使用父母给予的身体，怎敢不小心谨慎呢？平居不恭敬，不是孝顺；侍奉君主不忠诚，不是孝顺；居官不谨慎，不是孝顺；交友不诚实，不是孝顺；临战不勇敢，不是孝顺。上面五种情况不能做到，灾祸就会连累到亲人，怎敢不小心谨慎呢？”《商书》上说，“刑法三百条，罪过没有比不孝顺更重的了。”

原文

曾子曰：“先王之所以治天下者五：贵德、贵贵、贵老、敬长、慈幼。此五者，先王之所以定天下也。所谓贵德，为其近于圣也[①]；所谓贵贵，为其近于君也；所谓贵老，为其近于亲也；所谓敬长，为其近于兄也；所谓慈幼，为其近于弟也。”

曾子曰：“父母生之[②]，子弗敢杀；父母置之，子弗敢废；父母全之，子弗敢阙[③]。故舟而不游[④]，道而不径[⑤]，能全支体[⑥]，以守宗庙，可谓孝矣。”

注释

①近于圣：与圣贤接近。

②生之：生下子女之身。这里“之”，与下文“置之”、“全之”的“之”都是指子女之身。

③阙：同“缺”，毁坏。

④舟而不游：渡水时乘船而不游涉，这样可以免于水淹。舟用作动词，乘船。

⑤道而不径：走大路而不走小路。径，小路，此处用作动词，走小路。

⑥支：同“肢”，四肢。

译文

曾子说：“先王用来治理天下的方法有五条：崇尚道德，崇尚尊贵，尊敬老人，尊敬年长的，爱护年幼的。这五条，就是先王用来使天下安定的方法。所以崇尚道德，是因为它接近于圣贤；所以崇尚尊贵，是因为它接近于君主；所以尊敬老人，是因他接近于父母；所以尊敬年长的，是因为他接近干兄长；所以爱护年幼的，是因为他接近于弟弟。”曾子说：“父母生下了自身，儿子不敢毁坏；父母养育了自身，儿子不敢废弃；父母保全了自身，儿子不敢损伤，所以渡水时乘船而不游泳，走路时走大路而不走小路。能保全四肢身体，以便守住祖庙，可以叫做孝顺了。”

原文

养有五道：修宫室①，安床笫②，节饮食，养体之道也；树五色，施五采，列文章③，养目之道也；正六律④，和五声⑤，杂八音⑥，养耳之道也；熟五谷⑦，烹六畜⑧，和煎调⑨，养口之道也；和颜色⑩，说言语，敬进退⑪，养志之道也。此五者，代进而厚用之⑫，可谓善养矣。

注释

①宫室：古时房屋的统称。

②床笫：床与垫在床上的竹席，泛指床铺。

③五色、五采：指青、黄、赤、白、黑五种颜色，此处泛指各种颜色。文章：泛指错杂的色彩和花纹。古人以青与赤谓之文，赤与白谓

之章。

④六律：指音律。律，定音器。共有十二个，各有固定的音高和名称：黄钟、大吕、太簇、夹钟、姑洗、中吕、蕤宾、林钟、夷则、南吕、无射、应钟，合称十二律。区分开来，奇数（阳）称六律，偶数（阴）称六吕，合称律吕。

⑤五声：宫、商、角、徵、羽。

⑥八音：指金、石、丝、竹、匏、土、革、木八种不同材质的乐器所演奏出来的音乐。

⑦五谷：指稻、黍、稷、麦、菽五种作物。

⑧六畜：即猪、牛、羊、马、鸡、狗六种家畜。

⑨煎调：烹调。

⑩颜色：脸色。

⑪进退：举止行为。

⑫代：交替。

译文

养身之道有五条：整修房屋，使卧具安适，节制饮食，这是保养身体的方法；树立五色，设置五采，排列花纹，这是保养眼睛的方法，使六律准确，使五声和惜，使八音协调，这是保养耳朵的方法’把饭做熟，把肉煮熟. 调和味道，这是保养嘴的方法，面色和悦，言语动听，举止恭敬，这是保养意志的方法。这五条，依次更替实行，就可以叫做善于保养身体了。

原文

乐正子春下堂而伤足[①]，瘳而数月不出[②]，犹有忧色。门人问之曰[③]：“夫子下堂而伤足，瘳而数月不出，犹有忧色，敢问其故？”乐正子春曰：“善乎而问之[④]！吾闻之曾子，曾子闻之仲尼[⑤]：父母全而生之，子全而归之，不亏其身，不损其形，可谓孝矣。君子无行咫步而忘之[⑥]。余忘孝道，是以忧。”故曰，身者非其私有也，严亲之遗躬也[⑦]。

注释

①乐正子春：人名。复姓乐正，字子春，春秋时人，曾参的弟子。

②瘳（chōu）：病愈。

③门人：门客。

④而：你。

⑤仲尼：孔子的字。

⑥咫步：短距离。

⑦遗躬：即“遗体”。古人认为子女的身体为父母所生，因而可称子女的身体为父母之“遗体”。

译文

乐正子春下堂时伤了脚，脚好了可是几个月都不出门，脸上仍然有忧愁的颜色。学生们问他说：“先生您下堂时伤了脚，脚好了可是几个月都不出门，脸上仍然有忧愁的颜色，请问这是什么缘故?”乐正子春说：“你们问这个问得真好啊，我从曾子那里听说过，曾于又从孔子那里听说过这样的话，父母完好地把儿子生下来，儿子要完好地把身体归还父母，不亏损自己的身子，不毁坏自己的形体，这可以叫做孝顺了。君子一举一动都不忘记孝道。我忘记了孝道，因此才忧愁。”所以说，身体不是自己私有的，而是父母亲留给的。

原文

民之本教曰孝①，其行孝曰养②。养可能也，敬为难；敬可能也，安为难；安可能也，卒为难③。父母既没，敬行其身，无遗父母恶名，可谓能终矣。仁者，仁此者也④；礼者，履此者也⑤；义者，宜此者也；信者，信此者也；强者，强此者也。乐自顺此生也，刑自逆此作也。

注释

①本教：根本性的教育。

②行孝：遵行孝道。

③卒：终。

④仁此：以此为仁。

⑤履：行，做。

译文

人民根本的教养是孝顺，行孝道是奉养。奉养父母是可以做到的，对父母恭敬是难做到的，对父母恭敬是可以做到的，使父母舒适是难做到的，使父母舒适是可以做到的，能始终如一是难做到的。父母死了以后，自己行为谨慎，不要带给父母坏名声，可以叫做能善始善终了。所谓仁，就是以孝道为仁；所谓礼，就是实行孝道；所谓义，就是以孝道为宜；所谓信，就是以孝道为信；所谓强，就是以孝道为强。欢乐自然会由于实行孝道而产生。刑法自然会由于违背孝道而施行。

本味

原文

求之其本，经旬必得①；求之其末，劳而无功。功名之立，由事之本也，得贤之化也②。非贤，其孰知乎事化？故日其本在得贤。

注释

①经旬必得：意为短时间内会有所收获。旬，十日为一旬。

②得贤之化：得到贤人的教化。

译文

做事情从根本做起，经过短时间必定有收获，从枝节做起，就会劳而无功。功名的建立，是由于抓住了事物的根本，得到了贤人教化。不是贤人，谁懂得事情的教化呢？所以说，建立功名的根本在于得到贤人。

原文

有优氏女子采桑①，得婴儿于空桑之中②，献之其君。其君令烰人养之③，察其所以然。曰："其母居伊水之上④，孕，梦有神告之曰：'臼出水而东走，毋顾！'明日，视臼出水⑤，告其邻，东走十里而顾，其邑尽为水，身因化为空桑⑥。故命之曰伊尹⑦。"此伊尹生空桑之故也。长而贤。汤闻伊尹，使人请之有优氏，有优氏不可。伊尹亦欲归汤，汤于是请取妇为婚⑧。有优氏喜，以伊尹媵女⑨。故贤主之求有道之士，无不以也⑩；有道之士求贤主，无不行也⑪。相得然后乐⑫，不谋而亲，不约而信，相为殚智竭力⑬，犯危行苦⑭，志欢乐之。此功名所以大成也。固不独⑮，士有孤而自恃，人主有奋而好独者⑯，则名号必废熄⑰，社稷必危殆。故黄帝立四面⑱，尧、舜得伯阳、续耳然后成⑲。

注释

①有优（yōu）氏：即有莘氏，古部族名。

②空桑：空心的桑树。

③烰（hū）人：庖人，即厨师。

④伊水：水名，即伊河，源于河南西部栾川伏牛山北麓，东北流入洛河。

⑤臼：舂米的器具。

⑥身因化为空桑：指伊尹之母的身体变成了空心的桑树。

⑦命：取名。伊尹：商汤大臣，名伊，一名挚，尹是官名。

⑧取：通"娶"，娶妻。

⑨媵：古代贵族嫁女时随嫁的人。这里用作动词，随嫁。

⑩以：用。

⑪行：做。

⑫相得：指贤主得有道之士，有道之士同时得到贤主。这是相互的。

⑬殚智竭力：竭尽智慧和力量。殚、竭，均是用尽的意思。

⑭犯危：不避危难。行苦：行事勤苦。

⑮固：本来。

⑯奋：矜持，自负。

⑰废熄：废止、熄灭，指灭绝。

⑱黄帝立四面：黄帝四面寻求贤能之人，立之为辅佐大臣。

⑲伯阳、续耳：相传为舜七友中的两位，均为当时的贤德之人。

译文

有优氏的女子采摘桑叶，在中空的桑树里捡到一个婴儿，把他献给了自己的君主。君主命厨师哺育这个婴儿，并让他去了解这是怎么回事儿。厨师向君主报告说："婴儿的母亲住在伊水边，怀了孕，梦见天神告诉她说：'臼里如果出了水就向东跑，不要回头看。'第二天，她看到臼里出水，就把情况告诉了她的邻居，向东跑了十里，回头一看，她的村子已是一片汪洋。于是她的身体变成了一棵中空的桑树。因此给这个婴儿起名叫伊尹。"这就是伊尹出生在空桑之中的缘由。伊尹长大了很贤德，商汤听说伊尹贤德，就派人向有优氏请求要伊尹，有优氏不答应。伊尹也想归附汤。汤于是就请求娶有优氏女为妻，结为婚姻。有优氏很高兴，就把伊尹作为女子陪嫁的奴仆给了汤。所以，贤明的君主为求得有道之士，没有什么办法不可使用。有道之士为求得贤明的君主，没有什么事不能做。贤明的君主和有道之士各如其愿，然后彼此都很快乐。他们事先不谋划就能亲密无间，不约定就能恪守信用，共同尽心竭力，承担危难和劳苦，内心却以此为乐。这就是功名取得极大成就的原因。贤明的君主、有道之士本来不会孤独，士如果孤独傲慢，君主如果骄傲而且喜好孤独，那么名声必定被毁灭，国家必定遭危险。所以黄帝派人去四方寻求贤人立为辅佐，尧、舜得到伯阳、续耳，然后成就了帝业。

原文

凡贤人之德，有以知之也。伯牙鼓琴①，钟子期听之。方鼓琴而志在太山②，钟子期曰："善哉乎鼓琴！巍巍乎若太山③。"少选之间④，而志在流水，钟子期又曰："善哉乎鼓琴！汤汤乎若流水⑤。"钟子期死，伯牙破琴绝弦，终身不复鼓琴，以为世无足复为鼓琴者。非独琴若此也，贤者亦然。虽有贤者，而无礼以接之，贤奚由尽忠？犹御之不善，骥不自千里也。

注释

①伯牙：姓俞，名瑞，字伯牙，春秋时楚国人，入仕为晋国大夫，著名的琴师，擅弹古琴，技艺高超，既是弹琴能手，又是作曲家，被人尊为“琴仙”。相传中国十大古曲中的《高山流水》就是他的代表作。鼓：弹奏。

②方：刚才。志：这里指琴声所要表达的心志。太山：泛指大山，非专指东岳泰山。

③巍巍乎：高大的样子。

④少选之间：须臾，一会儿。

⑤汤汤乎：水流大而急的样子。

译文

大凡贤德之人的品德，是有办法了解的。伯牙弹琴，钟子期听刚开始弹琴时表现出攀登高山的志向，钟子期说：“弹琴弹得太好了，就像高山一样巍峨。”过了一会儿，琴声表现出随流水奔流的志向，钟子期又说：“弹琴弹得太好了，就像流水一样激荡。”钟子期死了以后，伯牙摔坏了琴，折断琴弦，终身不再弹琴，认为世上再没有值得为之弹琴的人。不仅弹琴是这样，寻求贤德的人也是这样。即便是有贤德的人，如果不以礼相待，贤德的人怎样尽忠呢？这就如同御手不好，良马也不能跟随他跑千里远一样。

原文

汤得伊尹，祓之于庙①，爝以爟火②，衅以牺猳③。明日，设朝而见之④。说汤以至味⑤。汤曰：“可对而为乎？”对曰：“君之国小，不足以具之，为天子然后可具。夫三群之虫⑥，水居者腥，肉玃者臊⑦，草食者膻。臭恶犹美，皆有所以⑧。凡味之本，水最为始。五味三材⑨，九沸九变⑩，火为之纪⑪。时疾时徐，灭腥去臊除膻，必以其胜，无失其理⑫。调和之事，必以甘酸苦辛咸，先后多少，其齐甚微⑬，皆有自起。鼎中之变⑭，精妙微纤，口弗能言，志弗能喻，若射御之微⑮，阴阳之化⑯，四时之数⑰。故久而不弊⑱，熟而不烂⑲，甘而不哝⑳，酸而不酷㉑，咸而不减㉒，辛而不烈，澹而不薄㉓，肥而不腴㉔。

注释

①祓（fú）：古代为了除灾求福而举行的一种仪式。

②爝（jué）：烧苇草以拔除不祥。爟（yào）火：为消除不祥而举的火。

③衅（xìn）：指以牲血涂祭器。牺猳（jiā）：祭祀用的纯色的雄猪。牺，祭祀用的牲畜。猳，纯色的雄猪。

④设朝：帝王临朝听政。

⑤至味：最美味的食品，最好的滋味。

⑥三群之虫：指下文的水居者（鱼鳖之类水生动物）、肉攫者（鹰雕之类食肉动物）、草食者（獐鹿一类的食草动物）三类动物。群，类，虫，泛指各种动物。

⑦猩：通“攫”，用爪抓去。

⑧皆有所以：都各有其缘故。指下文各种不同烹饪方法。

⑨五味：指咸、苦、酸、辛、甘。三材：指水、木、火。

⑩九沸：多次煮沸。

⑪纪：节制。

⑫必以其胜，无失其理：指火候适中。

⑬齐（jì）：通“剂”，调剂，将调料调配在一起。

⑭鼎：古代煮肉的器具。

⑮射御之微：指射箭御马之术非常精妙。

⑯阴阳之化：阴阳和谐而生成万物。

⑰四时之数：指春生夏长秋实冬藏各个季节的变化。

⑱弊：败，坏掉。

⑲烂：指过了火候。

⑳哝：味深，指甜得过分。

㉑酷：过分。

㉒减：减损，指减损食物原来的滋味。

㉓澹：清淡。

㉔脵：通“腴”。

译文

汤得到伊尹之后，在宗庙里举行祓除灾邪的仪式，点燃苇把消除不祥，用纯色雄猪的血涂祭器。第二天上朝，汤以礼接见伊尹。伊尹为汤讲述美味，汤说：“可以得到并制作这些美味吗?”伊尹回答说：“您的国家小，不足以具备这些东西，当了天子，然后才可取具备。三类动物，生活在水里的腥，吃肉的臊，吃草的膻。气味不好的仍然可以使之变好，这些都各有它们内在的原因。调和味道的根本，在于首先用水。五种味道，三样材料，多次煮沸，多次变化，火是关键。火时而炽热，时而微弱，一定要用火除去腥味，臊味、膻味，但火候要适中。调和味道，必定要用甜酸苦辣咸。先放后放，放多放少，调料的剂量很小，这些都有一定的规定。鼎中味道的变化，精妙微细，既不能言传，又不能意会，就如同射技御技的精微、阴阳二气的交合、四季的变化一样。所以，时间长，但不毁坏；做得熟，但不超过火候；甜，但不过度；酸，但不过分；咸，但不减损原味；辣，但不浓烈；清淡，但不过薄；肥，但不腻。

原文

所以致之[①]，马之美者，青龙之匹[②]，遗风之乘。非先为天子，不可得而具[③]。天子不可强为，必先知道[④]。道者止彼在己[⑤]，己成而天子成，天子成则至味具。故审近所以知远也，成己所以成人也。圣王之道要矣[⑥]，岂越越多业哉[⑦]！

注释

①以：凭借，用来。致之：得到它，指以上所说这些美食。

②青龙：与下文“遗风”均为骏马名。

③具：具备。

④知道：懂得道。

⑤止：俞樾认为当为“亡”字之误。彼：别人。亡彼在己，意思是不在别人而在于自己。

⑥要：约，简约。

⑦越越：轻易的样子。

译文

运来这些水果，要用青龙马和遗风马。不先当天子，就不可能具备这些美味。天子不可以勉强去当，必须先懂得仁义之道，仁义之道不在别人，而在于自己。自己具备了仁义之道，因而就能成为天子。能成为天子，那么美味就齐备了。所以，审察近的就可以了解远的，自己具备了仁义之道就可以教化别人。圣人的办法很简约，哪里用得着费力去做许多事情呢？

慎人

原文

功名大立，天也。为是故，因不慎其人①，不可。夫舜遇尧，天也。舜耕于历山②，陶于河滨③，钓于雷泽④，天下说之，秀士从之，人也。夫禹遇舜，天也。禹周于天下，以求贤者，事利黔首，水潦川泽之湛滞壅塞可通者⑤，禹尽为之，人也。夫汤遇桀，武遇纣，天也。汤、武修身积善为义，以忧苦于民，人也。

注释

①人：这里指人为的努力。

②历山：在今济南南郊，又名舜耕山、千佛山。

③陶：制陶器。

④雷泽：古泽名。即雷夏，在今山东菏泽东北。

⑤水潦：因雨水过多而积在田地里的水。川泽：河川和湖沼，泛指江

河湖泊。湛滞：沉滞，沉积不通。壅塞：阻塞。

译文

能显赫地建立功名，靠的是天意。因为这个缘故，就不慎重地对待人为的努力，是不行的。舜遇到尧那样的明君，是天意。舜在历山种地，在黄河边制作陶器，在雷泽钓鱼，天下人很喜欢他，杰出的人士都跟随着他，这是人为努力的结果。禹遇到舜那样的明君，是天意。禹周游天下以便寻求贤德之人，做对百姓有利的事情。那些淤积阻塞的积水河流湖泊，凡是可以疏通的，禹全都疏通了。这些就是人为的努力。汤遇上桀那样的暴君，武王遇上纣那样的暴君，是天意。汤、武王修养自身品德，积善行义，为百姓忧虑劳苦，这是人为的努力。

原文

舜之耕渔，其贤不肖与为天子同。其未遇时也，以其徒属堀地财①，取水利②，编蒲苇，结罘网③，手足胼胝不居④，然后免于冻馁之患。其遇时也，登为天子，贤士归之，万民誉之，丈夫女子，振振殷殷⑤，无不戴说⑥。舜自为诗曰："普天之下，莫非王土；率土之滨，莫非王臣。"⑦所以见尽有之也。尽有之，贤非加也；尽无之，贤非损也。时使然也。

注释

①堀：当作"掘"。地财：从土地上可以收获的财物，主要指五谷。

②水利：从水中收获的东西，如鱼鳖等。

③罘（fú）：捕兽的网。

④胼（pián）胝（zhī）：手掌和脚底磨起的茧子。居：休息。

⑤振振殷殷：形容喜悦的样子。

⑥戴：爱戴。

⑦这段诗句见于《诗经·小雅·北山》。普，《诗经》作"溥"。此言舜所作，或为假托。率：沿着。

译文

舜种地捕鱼的时候，他的贤与不肖的情况同当天子时是一样的。他在没有遇到有利时机的时候，带领自己的下属种五谷，捕鱼鳖，编蒲苇，织鱼网，手和脚磨出茧子都不休息，然后才免于冻饿之苦。他在遇到有利时机的时候，即位当了天子，贤德的人全归附他，所有的人都赞誉他，男男女女都非常高兴，没有不爱戴喜欢他的。舜亲自作诗道："普天之下尽归依，无处不是王的土地，四海之内皆归顺，无不是王的臣民。"用以表明自己全都占有了。全都占有了，他的贤德并没有增加，全都没有占有，他的贤德并没有减损。这是时机的有无使他这样的。

原文

百里奚之未遇时也①，亡虢而虏晋②，饭牛于秦③，传鬻以五羊之皮④。公孙枝得而说之⑤，献诸缪公⑥，三日，请属事焉⑦。缪公曰："买之五羊之皮而属事焉，无乃天下笑乎？"公孙枝对曰："信贤而任之，君之明也；让贤而下之⑧，臣之忠也。君为明君，臣为忠臣。彼信贤⑨，境内将服，敌国且畏，夫谁暇笑哉？"缪公遂用之。谋无不当，举必有功，非加贤也。使百里奚虽贤，无得缪公，必无此名矣。今焉知世之无百里奚哉？故人主之欲求士者，不可不务博也。

注释

①百里奚：春秋时人。据《史记·秦本纪》记载，他原为虞大夫，虞亡时被晋国虏去，作为陪嫁之臣送入秦国。后出走，为楚人所执，秦穆公以五张黑公羊皮赎回，任为大夫，后帮助秦穆公成就霸业。

②虢：当为"虞"。

③饭：喂养。

④传鬻（yù）：转卖。

⑤公孙枝：春秋时秦国大夫，名子桑。

⑥缪公：即秦穆公。"缪"，同"穆"。

⑦属（zhǔ）事：指委任官职。属，委托。

⑧下之：指居于贤人之下。

⑨信：确实。

译文

百里奚没有遇到有利时机的时候，从虞国逃出，被晋国俘虏，后在秦国喂牛，以五张羊皮的价格被转卖。公孙枝得到百里奚以后很喜欢他，把他推荐给秦穆公，过了三天，请求委任他官职。穆公说："用五张羊皮买了他来却委任他官职，恐怕要被天下耻笑吧！"公孙枝回答说："信征贤人而任用他，这是君主的英明，让位贤人而自己甘居贤人之下，这是臣子的忠诚。君主是英明的君主，臣子是忠诚的臣子。他如果真的贤德，国内都将顺服，敌国都将畏惧，谁还会有闲暇耻笑呢？"穆公于是就任用了百里奚。他出谋略无不得当，做事情必定成功，这并不说明他的贤德增加了。百里奚即使贤德，如果不被穆公得到，也必定没有这样的名声。现在怎么知道世上没有百里奚这样的人呢？所以君主中想要寻求贤士的人，不可不广泛地去寻求。

原文

孔子穷于陈、蔡之间①，七日不尝食，藜羹不糁②。宰予备矣③，孔子弦歌于室，颜回择菜于外④。子路与子贡相与而言曰⑤："夫子逐于鲁，削迹于卫⑥，伐树于宋⑦，穷于陈、蔡。杀夫子者无罪，藉夫子者不禁⑧，夫子弦歌鼓舞，未尝绝音。盖君子之无所丑也若此乎？"颜回无以对，人以告孔子。孔子憱然推琴⑨，喟然而叹曰⑩："由与赐小人也。召，吾语之。"子路与子贡人，子贡曰："如此者，可谓穷矣！"孔子曰："是何言也？君子达于道之谓达⑪，穷于道之谓穷。今丘也拘仁义之道⑫，以遭乱世之患，其所也⑬，何穷之谓？故内省而不疚于道，临难而不失其德，大寒既至，霜雪既降，吾是以知松柏之茂也。昔桓公得之莒⑭，文公得之曹⑮，越王得之会稽⑯。陈、蔡之厄，于丘其幸乎！"孔子烈然返瑟而弦⑰，子路抗然执干而舞⑱。子贡曰："吾不知天之高也，不知地之下也。"古之得道者，穷亦乐，达亦乐，所乐非穷达也。道得于此，则穷达一也，为寒暑风雨之序矣[19]。故许由虞乎颍阳[20]，而共伯得乎共首[21]。

注释

①穷：困窘。

②藜羹：煮野菜做成的羹。藜，一种野菜，嫩叶可食。不糁：指羹中无米。糁，煮熟的米粒。

③宰予：字子我，孔子弟子。备：通“惫”，疲惫，这里指饿坏了。

④颜回：字子渊，孔子的弟子。

⑤子路：仲由，字子路，孔子的弟子。子贡：端木赐，字子贡，孔子的弟子。

⑥削迹：指隐居。

⑦伐树于宋：据《史记·孔子世家》载：“孔子去曹，适宋，与弟子习礼大树下。宋司马桓魋欲杀孔子，拔其树，孔子去。”这里的“伐树于宋”即指此事而言。

⑧藉：凌辱，欺辱。

⑨憱（cù）然：不高兴的样子。

⑩喟（kuì）然：叹气的样子。

⑪达：通达。

⑫拘：这里是“固守”之意。

⑬其所也：这里是“适得其所”的意思。

⑭桓公得之莒：指齐桓公遭无知之难，出奔莒而萌生复国称霸的雄心。得之，指生霸心。

⑮文公得之曹：指晋文公因骊姬之馋，出亡过曹而萌生复国称霸之心。

⑯越王得之会稽：指越王勾践被吴王夫差打败，栖于会稽山而萌生复国称霸之心。

⑰烈然：威严的样子。

⑱抗然：威武的样子。

⑲为：如。序：更代。

⑳许由：尧时的贤人。相传尧曾想把君位让给他，他逃至箕山下农耕

而食。尧又请他当九州之长，他到颍水边洗耳表示不愿听这样的话。虞：乐。颍阳：颍水之北，许由耕于箕山，自得其乐，所以说他“虞乎颍阳”。

㉑共伯：即共伯和。西周时共国君主，名和。共首：即共首山，故址在河南省封丘县西。

译文

孔子在陈国、蔡国之间处于困境，七天没吃粮食，煮的野菜里也没有米粒。宰予饿坏了，孔子在屋里用瑟伴奏唱歌，颜回在外面择野菜。子路跟子贡一起说道：“先生在鲁国被逐，在卫国隐居，在宋国树下习礼时被人伐倒树，在陈国、蔡国遇到困境。要杀先生的人没有罪，凌辱先生的人不受禁止，而先生歌声从未中止过。君子竟是这样没有感到羞耻的事吗?”颜回无话回答，进屋把这些话告诉了孔子。孔子很不高兴地推开琴，叹息着说：“仲由和端木赐是小人啊！叫他们来，我告诉他们。”子路和子贡进来了，子贡说：“像现在这种情况，可以说是困窘了。”孔子说：“这是什么话呢？君子在道义上通达叫做通达，在道义上困穷叫做贫穷。现在我固守仁义的原则，因而遭受混乱世道的祸患，这正是我应该得到的处境，怎么能叫困穷呢？所以，反省自己，在原则上不感到内疚，面临灾难，不丧失自己的品德。严寒到来，霜雪降落以后，松柏不凋落，我因此而知道松柏生命力的旺盛。从前齐桓公因出奔莒国而萌生复国称霸之心，晋文公因出亡曹国而萌生复国称霸之心，越王勾践因受会稽之耻而萌生复国称霸之心。在陈国、蔡国遇到的困境，对我大慨是幸运吧！”孔子威严地重新拿起瑟弹起来，子路威武地拿着盾牌跳起舞来。子贡说：“我不知天的高远，地的广大啊！”古代得道的人，困窘时也高兴，显达时也高兴，高兴的不是困窘和显达。如果自身得到了道，那么困窘和显达都是一样的，就像寒暑风雨交替出现一样。所以许由在颍水之北自得其乐，共伯在共首山逍遥迫遣自得。

卷十五　慎大览

慎　大

原文

贤主愈大愈惧，愈强愈恐。凡大者，小邻国也①；强者，胜其敌也②。胜其敌则多怨，小邻国则多患。多患多怨，国虽强大，恶得不惧？恶得不恐？故贤主于安思危，于达思穷，于得思丧。《周书》曰："若临深渊，若履薄冰。"③以言慎事也④。

注释

①小：轻视，小看。

②胜：制服，战胜。

③履：踩。这两句诗《诗经·大雅·小旻》作"如临深渊，如履薄冰"。

④以：此。

译文

贤明的君主，土地越广大越感到恐惧，力量越强盛越感到害怕。凡土地广大的，都是侵削邻国的结果；力量强盛的，都是战胜敌国的结果。战胜敌国，就会招致很多怨恨，侵削邻国，就会招致很多憎恶。怨恨你的多了，憎恶你的多了，国家虽然强大，怎么能不恐惧？怎么能不害怕？所以贤明的君主在平安的时候就想到危险，在显赫的时候就想到困窘，在有所得的时候就想到有所失。《周书》上说；"就像面临深渊一样，就像脚踩薄冰一样。”这是说做事情要小心谨慎。

原文

武王胜殷，人殷，未下轝①，命封黄帝之后于铸②，封帝尧之后于黎③，封帝舜之后于陈。下轝，命封夏后之后于杞④，立成汤之后于宋，以奉桑林⑤。武王乃恐惧，太息流涕⑥，命周公旦进殷之遗老，而问殷之亡故，又问众之所说，民之所欲。殷之遗老对曰：“欲复盘庚之政⑦。”武王于是复盘庚之政，发巨桥之粟⑧，赋鹿台之钱⑨，以示民无私。出拘救罪，分财弃责⑩，以振穷困⑪。封比干之墓⑫，靖箕子之宫⑬，表商容之间⑭，士过者趋，车过者下。三日之内，与谋之士封为诸侯，诸大夫赏以书社⑮，庶士施政去赋。然后济于河，西归报于庙⑯。乃税马于华山⑰，税牛于桃林⑱，马弗复乘，牛弗复服⑲。衅鼓旗甲兵⑳，藏之府库，终身不复用。此武王之德也。故周明堂外户不闭㉑，示天下不藏也。唯不藏也，可以守至藏㉒。武王胜殷，得二虏而问焉，曰：“若国有妖乎？”一虏对曰：“吾国有妖，昼见星而天雨血㉓，此吾国之妖也。”一虏对曰：“此则妖也，虽然，非其大者也。吾国之妖甚大者，子不听父，弟不听兄，君令不行，此妖之大者也。”武王避席再拜之。此非贵虏也，贵其言也。故《易》曰：“诉诉履虎尾㉔，终吉。”

注释

①轝（yú）：同“舆”，车。

②铸：古国名。《史记》作“祝”。

③黎：古国名。《史记》作“蓟”。

④夏后：夏君。杞：古国名。

⑤桑林：汤祈祷的地方。

⑥涕：眼泪。

⑦盘庚：商汤的第九代孙，殷商中兴君主。

⑧巨桥：纣储粮的粮仓名，在今河北曲周县东北。

⑨赋：布施。鹿台：钱库名，纣藏钱财于此。

⑩责（zhài）：通“债”，债务。

⑪振：通“赈”，救济。

⑫封比干之墓：把比干之墓整修的很高，以表彰他因进谏纣王而被杀的忠诚之举。封，堆土使高大。

⑬靖：通“旌”，表彰。

⑭商容：商代贤人，相传被纣王废黜。

⑮书社：古代以二十五户为一社，在册籍上书写人姓名称为“书社”。这里借指一定数量的人口和土地。

⑯西归：指回归位于西方的丰、镐。庙：指文王庙。

⑰税：放。华山：指阳华山，在今陕西商洛南。

⑱桃林：古地区名，在今河南灵宝以西、陕西潼关以东地区，为周武王放牛处。

⑲服：役使。

⑳衅（xìn）：古代的一种祭礼。杀牲并用牲血涂抹钟鼓等器物。

㉑明堂：天子理政的地方。

㉒至藏：指至德之所藏，即最完美品德所在。

㉓雨：用作动词，降雨。血：指像血一样红的雨。

㉔诉诉：恐惧的样子。

译文

周武王战胜了商，进入殷都，还没有下车，就命令把黄帝的后代封到铸，把帝尧的后代封到黎，把帝舜的后代封到陈。下了车，命令把大禹的后代封到杞，立汤的后代为宋的国君，以便承续桑林的祭祀。此时，武王仍然很恐惧，长叹一声，流下了眼泪。命令周公旦领来殷商的遗老，问他们商灭亡的原因，又问民众喜欢什么，希望什么。商的遗老回答说：“人民希望恢复盘庚的政治。”武王于是就恢复了盘庚的政治，散发巨桥的米粟，施舍鹿台的钱财，以此向人民表示自己没有私心。释放被拘禁的人，挽救犯了罪的人。分发钱财，免除债务，以此来救济贫困。又把比干的坟墓修葺高大，使箕子的住宅显赫彰明，在商容的闾里竖起标志，行人要加快脚步，乘车的人要下车致敬。三天之内，参与谋划伐商的贤士都封为诸侯，那些大夫们，都赏给了土地，普通的士人也都减免了赋税。然后武王才渡过黄河，回到丰镐，到祖庙内报功。于是把马放到阳华山，把牛放到桃林，不再让马牛驾车服役，又把战鼓、军旗、铠甲、兵器涂上牲血，藏进府库，终身不再使用。这就是武王的仁德。周天子明堂的大门不关闭，向天下人表明没有私藏。只有没有私藏，才能保持最高尚的品德。武王战胜殷商后，抓到两个俘虏，问他们说："你们国家有怪异的事吗？"一个俘虏回答说："我们国家有怪异的事，白天出现星星，天上降下血雨，这就是我们国家的怪异之事。"另一个俘虏回答说："这诚然是怪异之事，虽说如此，但还算不上大的怪异。我们国家特大的怪异是儿子不顺从父亲，弟弟不服从兄长，君主的命令不能实行。这才算最大的怪异之事呢！"武王急忙离开座席，向他行再拜之礼。这不是认为俘虏尊贵，而是认为他的言论可贵。所以《周易》上说："一举一动都战战兢兢，像踩着老虎尾巴一样，最终必定祥。"

原文

赵襄子攻翟①，胜老人、中人②，使使者来谒之，襄子方食抟饭③，有忧色。左右曰："一朝而两城下，此人之所以喜也，今君有忧色，何？"襄子曰："江河之大也④，不过三日。飘风暴雨，日中不须臾⑤。今赵氏之德行，无所于积，一朝而两城下，亡其及我乎！"孔子闻之曰："赵氏其昌乎？"夫忧所以为昌也，而喜所以为亡也。胜非其难者也，持之其难者也⑥。贤主以此持胜，故其福及后世。齐荆吴越，皆尝胜矣，而卒取亡，不达乎持胜也。唯有道之主能持胜。孔子之劲⑦，举国门之关⑧，而不肯以力闻。墨子为守攻，公输般服⑨，而不肯以兵加。善持胜者，以术强弱。

注释

①赵襄子：战国时赵国国君，赵简子之子无恤。翟：国名。

②老人：当作"左人，"。左人、中人：城邑名。

③抟饭：捏成团的饭。

④大：这里指涨水。

⑤飘风暴雨，日中不须臾：这句话本于《老子》“飘风不终朝，骤雨不终日”，意思是说事物强大了不易持久，至强之时也是走下坡的起点。

⑥持：守，保持。

⑦劲：强劲有力。

⑧关：门闩。

⑨墨子为守攻，公输般服：事见《墨子·公输》，公输般为楚国造云梯，要攻打宋国，墨子听说后去劝阻。公输般九次攻城，墨子九次打败他；公输般九次守城，又被墨子九次攻下。公输般，古代能工巧匠。

译文

赵襄子派新稚穆子攻打翟国，攻下了左人城、中人城。新稚穆子派使者回来报告襄子，襄子正在吃持成财的饭，听了以后，脸上现出忧愁的神色。身边的人说：“一下子攻下两座城，这是人们感到高兴的事，现在您却忧愁，这是为什么呢？”襄子说：“长江黄河涨水，不超过三天就会退落，疾风暴雨不能整天刮整天下。现在我们赵氏的品行，没有丰厚的蓄积，一下子攻下两座城，灭亡恐怕要让我赶上了！”孔子听到这件事以后说：“赵氏大概要昌盛了吧！”忧虑是昌盛的基础，喜悦是灭亡的起点。取得胜利不是困难的事，保持住胜利才是困难的事，贤明的君主依照这种认识，保持住胜利，所以他的福分能传到子孙后代。齐国、楚国、吴国、越国，都曾经胜利过，可是最终都遭到了灭亡，这是因为它们不懂得如何保持胜利啊！只有有道的君主，才能保持胜利。孔子力气那样大，能举起国都城门的门闩，却不肯以力气大闻名天下。墨子善于攻城守城，使公输般折服，却不肯以善于用兵被人知晓。善于保持胜利的人，能有办法使弱小变成强大。

贵　因

原文

三代所宝莫如因①，因则无敌。禹通三江五湖，决伊阙②，沟迴陆③，注之东海，因水之力也。舜一徙成邑[4]，再徙成都，三徙成国，而尧授之禅位[5]，因人之心也。汤、武以千乘制夏、商[6]，因民之欲也。如秦者立而至[7]，有车也；适越者坐而至[8]，有舟也。秦、越，远涂也[9]，竫立安坐而至者[10]，因其械也。

注释

①三代：指夏、商、周。因：凭借，顺应。

②伊阙：山名，在今河南洛阳南，又名塞阙山，因两山相对如阙而得名，伊水流经其间，故名“伊阙”。

③沟迴陆：王念孙认为当作“迴沟陆”，指疏通河道。迴（huí），通达。陆，道。

④邑：古代区域单位。下文“都”亦然，《周礼》“四井为邑”“四县为都”。这几句意思是舜受人民拥戴，归附他的人越来越多，所拥有的地方越来越大。

⑤禅（shàn）位：古代帝王把位置传让给继任者。

⑥千乘：指诸侯国。

⑦立而至：古代乘车为站立姿态，故有此说。

⑧适：到……去。

⑨涂：同“途”，路途。

⑩竫（jìng）：安静。

译文

夏商周三代最宝贵的东西没有什么比得上顺应、依凭外物了。顺应、依凭外物就能所向无敌。禹疏通三江五湖，凿开伊阙山，使水道畅通，让水流入东海，是顺应了水的力量。舜迁移了一次形成城邑，迁移了两次形成都城，迁移了三次形成国家，因而尧把帝位让给了他，是顺应了人心。汤、武王凭着诸侯国的地位制服夏、商，是顺应了人民的愿望。到秦国去的人站在车上就能到达，是因为有车；到越国去的人坐在船上就能到达，是因为有船。到秦国、越国去，路途遥远，安静地站着、坐着就能到达，是因为凭借着车船等交通工具。

原文

武王使人候殷①，反报岐周曰②：“殷其乱矣！”武王曰：“其乱焉至③？”对曰：“谗慝胜良④。”武王曰：“尚未也。”又复往，反报曰⑤：“其乱加矣！”武王曰：“焉至？”对曰：“贤者出走矣。”武王曰：“尚未也。”又往，反报曰：“其乱甚矣！”武王曰：“焉至？”对曰：“百姓不敢诽怨矣⑥。”武王曰：“嘻！”遽告太公⑦，太公对曰：“谗慝胜良，命曰戮⑧；贤者出走，命曰崩；百姓不敢诽怨，命日刑胜。其乱至矣，不可以驾矣⑨。”故选车三百，虎贲三千⑩，朝要甲子之期⑪，而纣为禽⑫。则武王固知其无与为敌也。因其所用，何敌之有矣！

注释

①候：刺探。

②岐周：城邑名。周武王的曾祖古公亶父自豳迁于岐山下周原，筑城郭，故名“岐周”。址在今陕西岐山东北。

③焉至：何至，达到什么程度。

④谗慝（tè）：邪恶。此处指邪恶的人。良：贤良的人。

⑤反：通“返”。

⑥诽：责备。

⑦遽：速。

⑧戮：暴乱。

⑨驾：增加。

⑩虎贲：勇士。

⑪朝：朝会。要：约定。甲子之期：武王定于甲子日起兵伐纣。

⑫禽：通“擒”，被擒获。

译文

周武王派人刺探殷商的动静，那人回到岐周禀报说：“殷商大概要出现混乱了。”武王说：“它的混乱达到什么程度？”那人回答说：“邪恶的人胜过了忠良的人。”武王说：“混乱还没有达到极点。”那人又击刺探，回来禀报说：“它的混乱程度加重了。”武王说：“达到什么程度？”那人回答说：“贤德的人都出逃了。”武王悦：“混乱还没有达到极点。”那人又去刺探，回来禀报说：“它的混乱很厉害了！”武王说：“达到什么程度？”那人回答说。“老百姓都不敢讲怨恨不满的话了。”武王说：“啊！”赶快把这种情况告诉太公望，太公望回答说：“邪恶的人胜过了忠良的人，叫做暴乱，贤德的人出逃，叫做崩溃，老百姓不敢讲怨恨不满的话，叫做刑法太苛刻。它的混乱达到极点了，已经无以复加了。”因此挑选了战车三百辆，勇士三千名，朝会诸侯时以甲子日为期兵至牧野，而纣王被擒获了。这样看来，武王本来就知道纣王无法与自己为敌，善于利用敌方的力量，还有什么敌手呢？

原文

武王至鲔水①，殷使胶鬲候周师②，武王见之。胶鬲曰：“西伯将何之③？无欺我也！”武王曰：“不子欺④，将之殷也。”胶鬲曰：“曷至⑤？”武王曰：“将以甲子至殷郊，子以是报矣！”胶鬲行。天雨，日夜不休，武王疾行不辍。军师皆谏曰：“卒病⑥，请休之。”武王曰：“吾已令胶鬲以甲子之期报其主矣，今甲子不至，是令胶鬲不信也。胶鬲不信也，其主必杀之。吾疾行，以救胶鬲之死也。”武王果以甲子至殷郊，殷已先陈矣⑦。至殷，因战，大克之。此武王之义也。人为人之所欲，已为人之所恶，先陈何益？适令武王不耕而获⑧。

注释

①鲔（wěi）水：水名，在河南巩县北。

②胶鬲：人名，起初隐居在商地，周文王将他推荐给殷纣王做大臣。

③西伯：本指周文王。殷商时州之长官为“伯”，文王为雍州之伯，而雍州在西方，故称“西伯”。这里借指周武王。

④不予欺：不欺骗你。

⑤曷：何。

⑥病：疲困。

⑦陈：通“阵”，摆开阵势。

⑧适：恰好，正好。不耕而获：犹言不战而胜。

译文

武王伐纣到了鲔水，殷商派胶鬲刺探周国军队的情况，武王会见了他。胶鬲说：“您将要到哪里去？不要欺骗我。”武王说：“不欺骗你，我将要到殷去。”胶鬲说：“哪一天到达？”武王说：“将在甲子日到达殷都郊外。你拿这话去禀报吧！”胶鬲走了。天下起雨来，日夜不停。武王加速行军，不停止前进。军官们都劝谏说：“士兵们很疲惫，请让他们休息休息。”武王说：“我已经让胶鬲把甲子日到达殷都郊外禀报给他的君主了，如果甲子日不能到达，这就是让胶鬲没有信用。腔鬲没有信用，他的君主一定会杀死他。我加速行军是为了救胶鬲的命啊。”武王果然在甲子日到达了殷都的郊外，殷商已经先摆好阵势了。武王到达以后，就开始交战，结果把殷商打得大败。这就是武王的仁义。武王做的是人们所希望的事情，纣王自己做的却是人们所厌恶的事情，事先摆好阵势又有什么用处？正好让武王不战而获胜。

原文

武王入殷，闻殷有长者，武王往见之，而问殷之所以亡。殷长者对曰：“王欲知之，则请以日中为期。”武王与周公旦明日早要期①，则弗得也。武王怪之，周公曰：“吾已知之矣。此君子也。取不能其主②，有以其恶告王③，不忍为也。若夫期而不当，言而不信，此殷之所以亡也，已以此告王矣。”

注释

①要期：约定日期。

②取：选取，采取。能：亲近、亲善。

③有：通“又”。

译文

武王进入殷都，听说有德高望重的人，武王就去会见他，问他殷商之所以死亡的原因。那个德高望重的人回答说：“您如果想要知道，那就请定于明天日中之时。”武王和周公旦第二天提前去了，却没有见到那个人，武王感到很奇怪，周公说：“我已经知道他的意思了。这是个君子啊。他本来就采取不亲近自己君主的态度，现在又要把自己君主的坏处告诉您，他不忍心这样做。至于约定了日期却不如期赴约，说了话却不守信用，这是殷商之所取灭亡的原因。他已经用这种方式把殷商灭亡的原因告诉您了。

原文

夫审天者，察列星而知四时，因也；推历者①，视月行而知晦朔②，因也；禹之裸国③，裸人衣出，因也；墨子见荆王④，锦衣吹笙⑤，因也；孔子道弥子瑕见釐夫人⑥，因也；汤、武遭乱世，临苦民，扬其义，成其功，因也。故因则功⑦，专则拙⑧。因者无敌，国虽大，民虽众，何益？

注释

①推历：推算历法。

②晦朔：农历的月末一天为“晦”，月初一天为“朔”。

③裸国：指不知穿衣的部族。

④荆王：楚国国王。

⑤锦衣吹笙：墨子好俭非乐，见楚王却“锦衣吹笙”，是为了顺应楚王的嗜好。

⑥道：由。弥子瑕：卫灵公的宠臣。釐（xī）夫人：指卫灵公宠妃南子。

⑦因则功：顺应、因势利导地利用外物就会成功。

⑧专则拙：专靠自己一己之力就会失败。拙，这里指失败。

译文

观测天象的人，观察众星运行的情况就能知道四季，是因为有所凭借；推算历法的人，观看月亮运行的情况就能知道晦日，朔日，是因为有所凭借，禹到裸体国去，裸体进去，出来以后再穿衣服，是为了顺应那里的习俗。墨子见楚王，穿上华丽衣服，吹起笙，是为了迎合楚王的爱好；孔子通过弥子瑕去见釐夫人，是为了借此实行自己的主张；汤、武王遇上混乱的世道，面对贫苦的人民，发扬自己的道义，成就了自己的功业，是因为顺应，依凭外物的缘故。所以善于顺应、依凭外物，就能成功，专凭个人的力量，就会失败。善于顺应，依凭外物的人所向无敌。在这样的人面前，国土即使广大，人民即使众多，又有什么益处？

察今

原文

上胡不法先王之法[①]？非不贤也，为其不可得而法[②]。先王之法，经乎上世而来者也，人或益之，人或损之，胡可得而法？虽人弗损益，犹若不可得而法[③]。东夏之命[④]，古今之法，言异而典殊[⑤]。故古之命多不通乎今之言者，今之法多不合乎古之法者。殊俗之民，有似于此。其所为欲同，其所为欲异。口惛之命不愉[⑥]，若舟车衣冠滋味声色之不同。人以自是，反以相诽。天下之学者多辩，言利辞倒，不求其实，务以相毁，以胜为故[⑦]。先王之法，胡可得而法？虽可得，犹若不可法。

注释

①上：指君主。法：前一“法”字是动词，取法、效法之意；后一“法”字为名词，指法令制度。

②不可得：不可能。

③犹若：仍然，还是。

④东：指东夷，东方少数民族。夏：指华夏，中原各国。命：名，指事物的名称。

⑤典：典章制度。

⑥口惛（wù）之命：指方言。惛，通“吻”。愉：通“渝”，改变。这句话是说，各地方言差距是存在的。

⑦故：事。

译文

当今的君主为什么不效法古代帝王的法度？并不是古代帝王的法度不好，是因为它不可能被效法。古代帝王的法度，是经过前代流传下来的，有的人增补过它，有的人删减过它，怎么可能被效法？即使人们没有增补、删减过，还是不可能被效法。东夷和华夏对事物的名称，言词不同；古代和现代的法律、典制不一样。所以古代的名称与现在的叫法大多不相通，现在的法度与古代的法度大多不相合。不同习俗的人民，与这种情况相似。他们所要实现的愿望相同，他们的所作所为却不同。各地的方言不能改变，如同船．车、衣、帽、美味、音乐、色彩的不同一样，可是人们却自以为是，反过来又互相责难。天下有学识的人大都善辩，言谈锋利，是非颠倒，不求符合实际，致力于互相诋毁，以争胜为能事。古代君主的法度，怎么可能被效法呢？即使可能，还是不可以效法。

原文

凡先王之法，有要于时也①。时不与法俱至，法虽今而至，犹若不可法。故择先王之成法②，而法其所以为法③。先王之所以为法者，何也？先王之所以为法者，人也，而己亦人也。故察已则可以知人，察今则可以知古。古今一也，人与我同耳。有道之士，贵以近知远，以今知古，以益所见知所不见④。故审堂下之阴⑤，而知日月之行，阴阳之变；见瓶水之冰，而知天下之寒，鱼鳖之藏也；尝一脟肉⑥，而知一镬之味⑦，一鼎之调⑧。

注释

①要于时：与时代相结合。要，合。

②择：或作“释”。释，放弃，抛弃。

③所以为法：用来制定法律的依据。

④益：当为衍文。

⑤阴：阴影。

⑥一脟（pāo）肉：一块肉。脟，通“脔”，切成块状的肉。

⑦镬（huò）：无足的鼎。与下文的“鼎”，都是古代煮肉的器具。

⑧调：这里指调味。

译文

凡是古代帝王的法度，都是与当时的时势相符合的。时势不能与法度一起流传下来，法度虽然流传到现在，还是不可以效法。所以要放弃古代帝王的现成法度，而取法他们制定法度的依据。古代帝王制定法度的依据是什么呢？古代帝王制定法度的依据是人，而自己也是人。所以考察自己就可以知道别人，考察现在就可以知道古代。古今的道理是一样的，别人与自己是相同的。有道之人，他们的可贵之处在于由近的可以推知远的，由现在的可以推知古代的，由见到的可以推知见不到的。所以，观察堂屋下面的阴影，就可以知道日月运行的情况，阴阳变化的情况，看到瓶里的水结了冰，就知道天下已经寒冷，鱼鳖已经潜藏了，尝一块肉，就可以知道一锅肉的味道，就可以知道一鼎肉味道调和的情况。

原文

荆人欲袭宋，使人先表澭水①。澭水暴益②，荆人弗知，循表而夜涉，溺死者千有余人，军惊而坏都舍③。向其先表之时可导也④，今水已变而益多矣，荆人尚犹循表而导之，此其所以败也。今世之主法先王之法也，有似于此。其时已与先王之法亏矣⑤，而曰此先王之法也，而法之，以此为治，岂不悲哉？故治国无法则乱，守法而弗变则悖，悖乱不可以持国。

世易时移，变法宜矣。譬之若良医，病万变，药亦万变。病变而药不变，向之寿民⑥，今为殇子矣⑦。故凡举事必循法以动，变法者因时而化，若此论则无过务矣⑧。

注释

①表：做标记。下文“循表”之“表”指标记。澭水：古水名，古黄河支流，其故河道为黄河所淤塞，已无迹可寻。

②暴：突然。益：通“溢”，水满外溢。

③而：如。都舍：都市里的房屋。

④向：从前。可导：可以顺着标记渡过去。

⑤亏：通“诡”，异。

⑥寿民：长寿的人。

⑦殇（shāng）子：未成年而死的孩子。

⑧无过务：无错事。务，事。

译文

楚国人想攻打宋国，派人先在淮水中设置渡河的标志。淮水突然上涨，楚国人不知道，按照标志夜里渡河，淹死的有一千多人，军队惊乱的状况就像城市里的房屋倒坍一样。当初他们事先设置标志的时候，是可以顺着标志渡河的，现在河水已经发生变化上涨了，楚国人还按照标志渡河，这就是他们所以失败的原因。现在的君主要效法古代帝王的法度，与这种情况相似。他所处的时代已经与古代帝王的法度不适应了，却还说，这是古代帝王的法度，应该效法它。用这种办法治理国家，难道不是很可悲吗？所以，治理国家没有法度就会出现混乱，死守法度不加改变就会发生谬误，出现谬误和混乱，是不能保守住国家的。社会变化了，时代发展了，变法是应该的了。这就像高明的医生一样，病万变，药也应该万变。病变了药却不变，原来可以长寿的人，如今就会成为短命的人了。所以凡是做事情一定要依照法度去行动，变法的人要随着时代而变化，如果懂得这个道理，那就没有错误的事了。

原文

夫不敢议法者，众庶也①；以死守者，有司也②；因时变法者，贤主也。是故有天下七十一圣③，其法皆不同。非务相反也，时势异也。故曰良剑期乎断，不期乎镆铘④；良马期乎千里，不期乎骥骜⑤。夫成功名者，此先王之千里也。楚人有涉江者，其剑自舟中坠于水，遽契其舟⑥，曰："是吾剑之所从坠⑦。"舟止，从其所契者入水求之。舟已行矣，而剑不行，求剑若此，不亦惑乎？以此故法为其国与此同。时已徙矣，而法不徙，以此为治，岂不难哉？有过于江上者，见人方引婴儿而欲投之江中，婴儿啼。人问其故，曰："此其父善游。"其父虽善游，其子岂遽善游哉⑧？此任物亦必悖矣⑨。荆国之为政，有似于此。

注释

①众庶：众人，指百姓。

②有司：指各种官吏。

③七十一圣：指古代的圣贤君主。

④镆（mò）铘（yé）：宝剑名。

⑤骥（jì）骜（ào）：骏马名。

⑥遽：立刻，马上。契：刻。

⑦是：此，这里。

⑧岂遽：等于说"岂"。

⑨任物：对待事物。

译文

那些不敢议论法度的，是一般的百姓，死守法度的，是各种官吏。顺应时代变法的，是贤明的君主。因此，古代享有天下的七十一位圣贤君主，他们的法度都不相同。并不是他们有意要彼此相反，而是因为时代和形势不同。所以说，好剑期求它能砍断东西，不一定期求它有镆琊那样的美名，好马期求它能行千里远，不一定期求它有骥骜那样的美称。成就功名，这正是古代帝王所希望达到的“千里”啊。楚国人有个渡江的，他的剑从船上掉到水里，他急忙在船边划上记号，说：“这里是我的剑掉下去的地方。”等船停了，就从他刻记号的地方下水去找剑。船已经移动了，可是剑却没有移动，像这样寻找剑，不是太湖涂了吗？用旧法来治理自己的国家，与这个人相同。时代已经改变了，可是法度却不随着改变，想用这种办法治理好国家，难道不是很难吗？有个从江边经过的人，看见一个人正拉着小孩想把他扔到江中，小孩哭起来。人们问这人为什么，他说：“这个小孩的父亲善于游泳。”父亲虽然善于游泳，儿子难道就善于游泳吗？用这种方法来处理事物，也一定是荒谬的了。楚国处理政事的情况，与此相似。

卷十六　先识览

乐　成

原文

大智不形，大器晚成，大音希声①。

禹之决江水也②，民聚瓦砾③。事已成，功已立，为万世利。禹之所见者远也，而民莫之知。故民不可与虑化举始④，而可以乐成功。

注释

①希：通“稀”。

②决：打开缺口，疏导水流。

③瓦砾：破碎的砖头瓦片。

④虑化：考虑事物的转化。举始：创始。

译文

最大的智慧不显现，担当大事的人成就较晚，最优美的乐音听来无声。当禹疏导江水的时候，人们却堆积瓦砾加以阻挡。等到治水的事业完成，功业建立以后，给子孙万代带来了好处。禹目光远大，可是人们却没有谁知道这一点。所以，不可以跟普通的百姓商讨改变现状、进行创业开拓的大事，却可以跟他们享受成功的快乐。

原文

孔子始用于鲁，鲁人鹥诵之曰①：“麛裘而韠②，投之无戾③。韠而麛裘，投之无邮④。”用三年，男子行乎涂右⑤，女子行乎涂左，财物之遗者⑥，民莫之举。大智之用，固难逾也。

注释

①鷖（yī）诵：私下里、暗地里嘲讽。鷖，通“翳”，暗中。诵，陈述，述说。

②麛（mí）裘：鹿皮制成的裘衣。韠（bì）：蔽膝，古代遮蔽在衣裳前面的一种皮质服饰。

③投：扔掉。戾：罪行。

④邮：通“尤”，过错。

⑤涂：通“途”，道路。

⑥遗：丢失。

译文

孔子在鲁国开始被任用时，鲁国人怨恨地唱道：“穿着鹿皮衣又穿蔽膝，抛弃他没关系。穿着蔽膝又穿鹿皮裘，抛弃他没罪尤。”被任用三年之后，鲁国男子在道路右边行走，女子在道路左边行走，遗失了的财物，没有人拾取。大智的运用，本来就难以让人知晓啊。

原文

子产始治郑①，使田有封洫②，都鄙有服③。民相与诵曰：“我有田畴，而子产赋之④。我有衣冠，而子产贮之⑤。孰杀子产，吾其与之⑥。”后三年，民又诵之曰：“我有田畴，而子产殖之⑦。我有子弟，而子产诲之。子产若死，其使谁嗣之⑧？”使郑简、鲁哀当民之诽訾也⑨，而因弗遂用，则国必无功矣，子产、孔子必无能矣。非徒不能也，虽罪施⑩，于民可也。今世皆称简公、哀公为贤，称子产、孔子为能。此二君者，达乎任人也。

注释

①子产：春秋时著名政治家、思想家。郑国人，姓公孙，名侨，字子

产，郑穆公之孙。

②封洫：区分田界的界沟。

③都鄙：京城与郊区，这里指居于京城和郊区的人。有服：有各自的服装，指从制度上规定服饰有所区别。

④赋：征收赋税。

⑤贮：贮藏，指因为服饰有等级制度不能像先前那样随意穿衣，不合制度的衣服只能收藏起来。

⑥与：帮助。

⑦殖：栽种。

⑧嗣：继承，接续。

⑨郑简：指郑简公，春秋时郑国国君，姓姬，名嘉，在位三十六年。十二年时，任子产为卿。鲁哀：即鲁哀公。诽訾：诋毁。

⑩虽：即使。

译文

子产开始治理郑国时，让田地有沟渠疆界，让城邑、鄙野有规定的服色。人民一起怨恨地唱道："我们有田亩，子产征军赋。我们有衣冠，子产收赋税。谁要杀子产，我们去帮助。"三年之后，人民又歌颂他说："我们有田亩，子产让它增五谷。我们有子弟，子产对他们施教育。子产如果死了，还有谁能继承他?"假使郑简公、鲁哀公面对人民的诽谤非议，就不再任用子产、孔子了，那么国家一定无所成就，子产、孔子也一定无法施展才能了。不只是不能施展才能，即使被治罪，人民也会赞同的。如今世上都称赞简公，哀公贤明，称赞子产、孔子有才能。这两位君主，很懂得任用人啊。

原文

舟车之始见也，三世然后安之①。夫开善岂易哉②！故听无事治③。事治之立也，人主贤也。魏攻中山④，乐羊将⑤。已得中山，还反报文侯⑥，有贵功之色。文侯知之，命主书曰⑦："群臣宾客所献书者，操以进之。"

主书举两箧以进[8]。令将军视之[9]，书尽难攻中山之事也[10]。将军还走，北面再拜曰："中山之举，非臣之力，君之功也。"当此时也，论士殆之日几矣[11]，中山之不取也，奚宜二箧哉？一寸而亡矣[12]。文侯，贤主也，而犹若此，又况于中主邪[13]？中主之患[14]，不能勿为[15]，而不可与莫为[16]。凡举无易之事[17]，气志视听动作无非是者，人臣且孰敢以非是邪疑为哉？皆壹于为[18]，则无败事矣。此汤、武之所以大立功于夏、商，而句践之所以能报其雠也[19]。以小弱皆壹于为而犹若此，又况于以强大乎！

注释

①安：习惯。

②开善：首创一件善事。

③听：顺从。无事：指无为。治：得到治理。

④中山：周代诸侯国，在今河北正定东北，战国时被赵武灵王灭国。

⑤乐羊：中山国人，战国时魏国大将，是乐毅的先祖。据《史记·魏世家》，乐羊为将伐中山事在魏文侯十七年。

⑥文侯：即魏文侯。

⑦主书：官名，主管文书。

⑧箧（qiè）：小箱子。

⑨将军：指乐羊。

⑩难：责难。

⑪论士：议论的人。殆：危害。几：迫近。

⑫一寸：尺牍之间，只言片语的意思。

⑬中主：中庸的君主。

⑭患：担心。

⑮勿为：不做事，指无为而治。

⑯与莫为：指臣子帮助其做到无为而治。

⑰无易之事：始终不变的事。

⑱壹：指思想统一。

⑲雠：同"仇"。

译文

舟、车开始出现的时候，人们都不习惯，过了三代人们才感到习惯。开始做好事难道容易吗？所以听信愚民之言，任何事都办不好。事业之所以成功，全在于君主贤明啊。魏国攻打中山国，乐羊为将。乐羊攻下中山国以后，回国向魏文侯报告，显出夸功骄傲的神色。文侯察觉了这一点，就命令主管文书的官吏说："群臣和宾客献上的书信，都拿来进上。"主管文书的官吏搬着两箱书信进上来。文侯让乐将军看这些书信。书信都是责难攻打中山国这件事的。乐将军转身退下几步，向北再拜说："攻下中山国，不是我的力量，是君主您的功劳啊。"乐羊攻打中山国的时候，议论的人对这件事的危害一天比一无严重了，假使文侯相信了群臣宾客之言，认为中山国不可取，那么，哪里用得着两箱书信呢？只需一寸长的书信就足以让乐羊失去功劳了。文侯是贤明的君主，臣下尚且如此，更何况一般的君主呢？一般君主的祸患是，不能不让他去做，又不能让他中途不改。君主凡是去做中途不改变的事情，思想意志、视听行动无不认为正确，臣下谁还敢认为不对而横加怀疑呢？君臣都专心去做，就没有做不成的事了。这就是汤，武王之所以在灭亡夏、商中大立功业，勾践之所以能够报仇的原因。只要君臣全都专心去做，凭仗弱小的国家尚且能如此，更何况凭仗强大的国家呢？

原文

魏襄王与群臣饮①，酒酣，王为群臣祝，令群臣皆得志。史起兴而对曰②："群臣或贤或不肖，贤者得志则可，不肖者得志则不可。"王曰："皆如西门豹之为人臣也③。"史起对曰："魏氏之行田也以百亩④，邺独二百亩⑤，是田恶也⑥。漳水在其旁⑦，而西门豹勿知用，是其愚也。知而弗言，是不忠也。愚与不忠，不可效也。"魏王无以应之。明日，召史起而问焉，曰："漳水犹可以灌邺田乎？"史起对曰："可。"王曰："子何不为寡人为之？"史起曰："臣恐王之不能为也。"王曰："子诚能为寡人为之，寡人尽听子矣。"史起敬诺，言之于王曰："臣为之，民必大怨臣，大者死，其次乃藉臣[8]。臣虽死藉，愿王之使他人遂之也。”王曰：“诺。”使之为邺令。史起因往为之。邺民大怨，欲藉史起。史起不敢出而避之。王乃使他人遂为之[9]。水已行，民大得其利，相与歌之曰：“邺有圣令，时为史公。决漳水，灌邺旁。终古斥卤[10]，生之稻粱。”使民知可与不可[11]，则无所用矣。贤主忠臣，不能导愚教陋，则名不冠后、实不及世矣。史起非不知化也，以忠于主也。魏襄王可谓能决善矣[12]。诚能决善，众虽喧哗，而弗为变。功之难立也，其必由哅胸邪[13]！国之残亡，亦犹此也[14]。故哅胸之中，不可不味也。中主以之哅胸也止善，贤主以之哅胸也立功。

注释

①魏襄王：魏国国君，魏惠王子，原名魏嗣，薨于公元前296年。

②史起：魏臣，生平不详。

③西门豹：战国时魏国人，生卒年不详，魏文侯时任邺令，著名政治家、水利家。

④行田：赋田。百亩：指一户百亩。

⑤邺：魏邑名，在今河北省临漳县西。

⑥田恶：指田地贫瘠不佳。

⑦漳水：漳水有两处：一为浊漳水，发源于山西省长子县；一为清漳水，发源于山西省昔阳县西。两条河在河南省林县北界汇合，通称漳水。

⑧藉：践踏，凌辱。

⑨遂：接续。

⑩斥卤：指盐碱地。

⑪使：假使，假如。

⑫决善：指择善而从。决，通“抉”，抉择。

⑬哅胸：众口喧哗声。

⑭犹：通“由”。

译文

魏襄王跟臣子们一起喝酒，喝到正畅快的时候，魏王为臣子们祝酒，让臣子们都能得志。史起站起来回答说：“臣子有的贤明有的不肖，贤明的人得志可以，不肖的人得志就不可以。”魏王说：“让群臣都像西门豹当臣子那样。”史起回答说：“魏国分配给人民土地，每户一百亩，邺地偏偏给二百亩，这说明那里的土地不好。漳水在它的旁边，可是西门豹却不知利用，这说明他很愚蠢。知道这种情况却不报告，这说明他不忠。愚蠢和不忠，不可效法。”魏王无话回答他。第二天，召来史起问他说：“漳水还可以灌溉邺的田地吗？”史起回答说：“可以。”魏王说：“你何不替我去做这件事？史起说：“我担心您不能做啊。”魏王说：“你如果真的能替我去做这件事，我全都听你的。”史起恭恭敬敬地答应了，并对魏王说：“我去做这件事，那里的人民一定非常怨恨我，严重了会弄死我，次之也会凌辱我。即使我被弄死或被凌辱，希望您派其他人继续完成这件事。”魏王说：“好吧。”派他去当邺令。史起于是去邺开始了引漳工程，邺地的人民非常怨恨史起，想要凌辱他，史起不敢出门，躲了起来。魏王就派别人最终完成这一工程。水流到了田里，人民大大受益，一起歌颂他说：“邺地有贤令，此人是史公。引漳水，灌邺田。古来盐碱地，能长稻和谷。”假使人民知道什么可做，什么不可做，那就没有任用贤人的必要了，贤主忠臣，如果不能教导愚蠢鄙陋的人，那么名声就不能流传到后世，政绩也不能对当代有利了。史起不是不知道事物的发展趋势，他明知要遭到民众的怨恨，却还要治理漳水，是因为他忠于君主。魏襄王可说是能对善行做出决断了。如果真能对善行做出决断，那么众人即使喧哗，也不会因此而改变。功业之所以难于建立，大概一定是由于众人的吵吵闹闹吧！国家的残破灭亡，也是由于这个原因啊。所以在众人的吵吵闹闹之中，不可不加以研究体会。一般的君主以为众人的吵吵闹闹就停止了行善，贤明的君主却在众人的吵吵闹闹之中建立起功业。

察 微

原文

使治乱存亡若高山之与深溪①，若白垩之与黑漆②，则无所用智，虽愚犹可矣。且治乱存亡则不然[3]。如可知，如可不知；如可见，如可不见。故智士贤者相与积心愁虑以求之[4]，犹尚有管叔、蔡叔之事与东夷八国不听之谋[5]。故治乱存亡，其始若秋毫[6]。察其秋毫，则大物不过矣。

注释

①使：假使。深溪：深谷。

②白垩（è）：白色的土。

③且：而。

④积心：积累仁心。愁虑：积虑。王引之认为，愁，通“揫”，聚的意思。

⑤管叔、蔡叔之事与东夷八国不听之谋：管叔、蔡叔为周武王之弟，武王灭商后，分别封于管（今河南郑州）、蔡（今河南上蔡西南）。武王崩，继位的成王年幼，武王长弟周公摄政，管叔、蔡叔不服，和纣王之子武庚一起叛乱，东夷八国附从，不听王命。

⑥秋毫：鸟兽在秋天长出的细毛，用以比喻极小的东西。

译文

假设治和乱、存和亡的区别像高山和漂谷，像白土和黑漆那样分明，那就没有必要运用智慧，即使蠢人也可以知道了。然而治和乱、存和亡的区别并不是这样。好像可知，又好像不可知，好像可见，又好像不可见。所以有才智的人、贤明的人都在千思百虑、用尽心思去探求治乱存亡的征兆，尽管如此，尚且有管叔、蔡叔的叛乱事件和东夷八国不听王命的阴谋。所以治乱存亡，它们刚刚出现的时候就像秋毫那样，能够明察秋毫，大事就不会出现过失了。

原文

鲁国之法，鲁人为人臣妾于诸侯[1]，有能赎之者，取其金于府[2]。子贡赎鲁人于诸侯，来而让[3]，不取其金。孔子曰：“赐失之矣[4]。自今以往，鲁人不赎人矣。”取其金，则无损于行；不取其金，则不复赎人矣。

子路拯溺者，其人拜之以牛⑤，子路受之。孔子曰：“鲁人必拯溺者矣。”孔子见之以细，观化远也⑥。

注释

①臣：男奴仆。妾：女奴仆。

②府：收藏钱财的地方，此处指公家的府库。

③让：推让。

④赐：孔子弟子，姓端木，名赐，字子贡。

⑤拜：酬谢。

⑥观化远：指对事情的发展变化有远见。

译文

鲁国的法令规定，鲁国人在其它诸侯国给人当奴仆，有能赎出他们的，可以从国库中支取金钱。子贡从其它诸侯国赎出了做奴仆的鲁国人，回来却推辞，不支取金钱。孔子说：“端木赐做错了。从今以后，鲁国人不会再赎人了。”支取金钱，对品行并没有损害，不支取金钱，就不会有人再赎人了。子路救了一个溺水的人，那个人用牛来酬谢他，子路收下了牛。孔子说：“鲁国人一定会救溺水的人了。”孔子能从细小处看到结果，这是由于他对事物的发展变化观察得远啊。

原文

郑公子归生率师伐宋①。宋华元率师应之大棘②，羊斟御③。明日将战，华元杀羊飨士④，羊斟不与焉。明日战，怒谓华元曰：“昨日之事，子为制⑤；今日之事，我为制。”遂驱入于郑师。宋师败绩，华元虏。夫弩机差以米则不发⑥。战，大机也⑦。飨士而忘其御也，将以此败而为虏，岂不宜哉！故凡战必悉熟偏备⑧，知彼知己，然后可也。

注释

①归生：春秋时郑国大夫，字子家。

②华元：春秋时宋国大夫，历事文公、共公、平公三君。大棘：古地

名，属宋国。在今河南柘（zhè）城西北。

③羊斟：宋人，华元的驭手，后奔鲁。御：驾车。

④飨：款待，宴享。

⑤制：这里是控制、掌管的意思。

⑥弩机：弩牙，弩上发箭的装置。弩，古代一种利用机械力量发射箭的弓。米：指一粒米的长度。

⑦大机：大的弩机。

⑧悉：全，都。偏：通“遍”。

译文

郑公子归生率领军队攻打宋国。宋国的华元率领军队在大军迎敌，羊斟给他作驭手。第二天将要作战，华元杀了羊宴享甲士，羊斟却不在宴享的人中。第二天作战的时候，羊斟愤怒地对华元说：“昨天宴享的事由你掌握，今天驾车的事该由我掌握了。”于是把车一直赶进郑国军队里。宋国军队大败，华元被俘。弩牙相差一个米粒就不能发射。战争正像一个大的弩牙。宴享甲士却忘了自己的驭手，将帅因此战败被俘，难道不是应该的吗？所以，凡作战一定要熟悉全部情况，做好全面准备，知己知彼，然后才可以作战。

卷十七　审分览

审　分

原文

凡人主必审分[①]，然后治可以至，奸伪邪辟之涂可以息[②]，恶气苛疾无自至[③]。夫治身与治国，一理之术也。今以众地者，公作则迟，有所匿其力也；分地则速，无所匿迟也。主亦有地，臣主同地，则臣有所匿其邪矣[④]，主无所避其累矣[⑤]。

注释

①审：审察。分：名分，职分。

②涂：通“途”，途径。

③苛疾：恶疾，重病。无自：无从。

④邪：私。

⑤累：负累。

译文

凡是君主，一定要明察君臣的职分，然后国家的安定才可以实现，奸诈邪僻的渠道才可以堵塞，浊气恶疾才无法出现。修养自身与治理国家，其方法道理是一样的。现在用许多人耕种土地，共同耕作就缓慢，这是因为人们有办法藏匿自己的力气，分开耕作就迅速，这是因为人们无法藏匿力气，无法缓慢耕作。君主治理国家也像种地一样，臣子和君主共同治理，臣子就有办法藏匿自己的阴私，君主就无法避开负累了。

原文

今有人于此，求牛则名马[①]，求马则名牛，所求必不得矣，而因用威怒，有司必诽怨矣[②]，牛马必扰乱矣。百官，众有司也；万物，群牛马也。不正其名，不分其职，而数用刑罚，乱莫大焉。夫说以智通[③]，而实以过悗[④]；誉以高贤，而充以卑下；赞以洁白，而随以污德；任以公法，而处以贪枉；用以勇敢，而堙以罢怯[⑤]。此五者，皆以牛为马、以马为牛，名不正也。故名不正，则人主忧劳勤苦，而官职烦乱悖逆矣。国之亡也，名之伤也，从此生矣。白之顾益黑[⑥]，求之愈不得者，其此义邪！

注释

①求牛则名马：想要牛，却呼唤马的名字。

②有司：官吏。诽怨：责备怨恨。

③智通：明知通达。

④过悗：迷惑。过，依俞樾、王念孙之说，当作“遇”，通“愚”，愚钝。悗，迷惑。

⑤堙（yīn）：充塞。

⑥白之顾益黑：想要白，反而更加黑了。顾，反而。

译文

假如有这样一个人，想要牛却说马的名字，想要马却说牛的名字，那么他所要的一定不能得到，而他却因此生气发威风，主管人虽一定会责备怨恨他，牛马一定会受到扰乱。百官就如同众多的主管人员一样，万物就如同众多的牛马一样。不辨正他们的名称，不区别他们的职分，却频繁地使用刑罚，惑乱没有比这更大的了。称道一个人明智通达，实际上这人却愚蠢糊涂，称赞一个人高尚贤德，实际上这人却很卑下，赞誉一个人品德高浩，这人紧跟着表露的却是污秽品德；委任一个人掌公法，这人做起事来却贪赃枉法，由于外表勇敢任用一个人，而他内心却疲弱怯懦。这五种情况，都是以牛为马、以马为牛，都是名分不正啊。所以，名分不正，那么君主就忧愁劳苦，百官就混乱乖逆了。国家被灭亡，名声受损害，就由此产生出来了。想要白，反倒更加黑了，想得到，却越发不能得到，大概都是这个道理吧！

原文

故至治之务，在于正名。名正则人主不忧劳矣，不忧劳则不伤其耳目之主①。问而不诏②，知而不为③，和而不矜④，成而不处⑤，止者不行，行者不止，因刑而任之⑥，不制于物，无肯为使，清静以公，神通乎六合⑦，德耀乎海外，意观乎无穷，誉流乎无止。此之谓定性于大湫⑧，命之日无有⑨。故得道忘人⑩，乃大得人也⑪，夫其非道也⑫？知德忘知，乃大得知也⑬，夫其非德也？至知不几⑭，静乃明几也，夫其不明也？大明不小事⑮，假乃理事也⑯，夫其不假也？莫人不能，全乃备能也⑰，夫其不全也？是故于全乎去能，于假乎去事，于知乎去几，所知者妙矣。若此则能顺其天，意气得游乎寂寞之宇矣，形性得安乎自然之所矣。全乎万物而不宰⑱，泽被天下而莫知其所自姓，虽不备五者⑲，其好之者是也。

注释

①耳目之主：耳目的天性。

②问而不诏：征询臣下的意见，不专断地下命令。诏，上告下。

③知而不为：指君主知道怎样去做，却不亲自去做。

④和而不矜：指君主能调和万物，却不自夸。矜，自夸。

⑤不处：不居功。处，居。

⑥刑：通“形”，有形的实体。任：任用，使用。

⑦六合：上、下、前、后、左、右各个方位。下文“海外”指四海之外。“六合”与“海外”都是极言其广大。

⑧湫：空洞。

⑨无有：无形，指“道”而言。

⑩忘人：忘掉具体的个体的人。

⑪得人：用人得当。

⑫夫其非道也：那怎么能不算道呢。

⑬知德忘知，乃大得知也：后二“知”通“智”，智能。

⑭几：细微的事物。

⑮小事：做小事。

⑯假：凭借。

⑰莫人不能，全乃备能也：修真得道的人不是事事都能做，借助各方面的力量，于是就无所不能了。莫人，依俞樾说，当作“真人”，即修真得道的人。

⑱宰：主宰。

⑲五者：指文中所说的“得道忘人”“知德忘知”“至知不几”“大明不小事”“莫人不能”五种情况。

译文

所以国家大治需要做的事情，在于辨正名分。名分辨正了，那么君主就不受忧愁劳苦了。不受忧愁劳苦，那么就不会损伤耳目的天性了。多询问，却不专断地下指示。虽然知道怎样做，却不亲自去做。和谐万物，却不自夸。事情做成了，却不居功，静止的东西不让它运动，运动的东西不让它静止。依照事物的特点加以使用，不为外物所制约，不肯被外物役使。清静而公正，精神流传到天地四方，品德照耀到四海之外，思想永远不衰，美名流传不止。这就叫做把性命寄托在深邃幽远之处，命名为无形。所以，得道之人能忘掉别人，这样就非常得人心，那怎么能不算有道呢？知道自己有德，不在乎让人知道，这样就更能为人所知，那怎么能不算有德呢？非常有德的人外表不机敏，安然处之，机敏就会显露出来，那怎么能算不聪明呢？特别聪明的人不做小事，大事才去做，那怎么能不算伟大呢？修真得道的人无所能，但人们全都归附他，于是就无所不能了，那怎么能不算完美之人呢？因此，有了众人效力就无需事事都能做，做了大事就无需做小事，被人了解了就无需外表机敏，这样，所知道的就很微妙了，像这样，那就能顺应天性，意气就可以在空廓寂静的宇宙中遨游了，形体就可以在自然的境界里获得安适了。包容万物却不去主宰，恩泽覆盖天下却没有谁知道从哪里开始的。这样，即使不具备上面说的五种情况，也可以说是爱好这些了。

不 二

原文

听群众人议以治国①，国危无日矣。何以知其然也？老耽贵柔②，孔子贵仁③，墨翟贵廉④，关尹贵清⑤，子列子贵虚⑥，陈骈贵齐⑦，阳生贵己⑧，孙膑贵势⑨，王廖贵先⑩，兒良贵后⑪。

注释

①群众人：即众人。

②老耽：即老聃、老子。贵柔：老子有“以柔克刚”的主张。

③贵仁：孔子把“仁”看做最高品德。

④墨翟：即墨子，名翟。贵廉：墨子主张“非乐”“节用”“节葬”等，一生过着节俭的生活。

⑤关尹：传说中春秋末期道家人物，曾为函谷关尹，故称关尹。贵清：关尹主张“其动若水，其静若镜”，以清为贵。

⑥子列子：即列子，列御寇，战国时道家人物。贵虚：列子学说本于黄老，认为“莫如静，莫如虚。静也虚也，得其居也”。

⑦陈骈：即田骈，战国时期齐国人。贵齐：田骈主张生死一样，古今相同，“齐万物以为首”。

⑧阳生：即杨朱，战国时魏国人。贵己：杨朱反对儒墨，主张贵生、重己，是拔一毛而利天下而不为的利己主义者。

⑨孙膑：战国时军事家，齐国人，孙武后代。贵势：孙膑主张“其巧在于势”。

⑩王廖：战国时兵家。贵先：王廖善用兵，重视战前仔细谋划。

⑪兒良：战国时兵家。贵后：重视战后总结得失。

译文

听从众人的议论来治理国家，国家很快就会遭到危险。根据什么知道会是这样呢？老耽崇尚柔，孔子崇尚仁，墨翟崇尚廉，关尹崇尚清，列子崇尚虚，陈骈崇尚齐，阳生崇尚己，孙膑崇尚势，王廖崇尚先，儿良崇尚后。

原文

有金鼓，所以一耳①；必同法令②，所以一心也；智者不得巧，愚者不得拙，所以一众也；勇者不得先，惧者不得后，所以一力也。故一则治，异则乱；一则安，异则危；夫能齐万不同③，愚智工拙皆尽力竭能，如出乎一穴者④，其唯圣人矣乎！无术之智，不教之能，而恃强速贯习⑤，不足以成也。

注释

①一：用如动词。

②必：当做“也”，属上句。

③齐万不同：使众多不同的事物齐同。齐，使动词，使……齐一。

④如出乎一穴：好像是从一个孔发出的气息。

⑤贯：贯通。习：熟习。

译文

军队里设置锣鼓，是为了用来统一士兵的听闻，法令一律，是为了用来统一人们的思想；聪明的人不得灵巧，愚蠢的人不得笨拙，是为了用来统一众人的智力，勇敢的人不得抢先，胆怯的人不得落后，是为了用来统一大家的力量。所以，统一就治理得好，不统一就治理得不好；统一就平安，不统一就危险。能够使众多不同的事物齐同，使愚蠢聪明灵巧笨拙的人都能用尽力气和才能，就像由一个起点出发一样的，大概只有圣人吧！没有驾驭臣下方法的智谋，不经过教化而具有的才能，依仗强力、敏捷、贯通、熟习，是不足以实现这些的。

执 一

原文

天地阴阳不革[①]，而成万物不同。目不失其明，而见白黑之殊。耳不失其听[②]，而闻清浊之声[③]。王者执一，而为万物正[④]。军必有将，所以一之也；国必有君，所以一之也；天下必有天子，所以一之也；天子必执一，所以抟之也[⑤]。一则治，两则乱。今御骊马者[⑥]，使四人人操一策，则不可以出于门闾者[⑦]，不一也。

注释

①革：改革。

②听：当作“聪”，听力。

③清：清音，指商音。浊：浊音，指宫音。

④正：主宰。

⑤抟：通“专”，集中。

⑥骊马：古代驾车用四匹马时，在车辕两旁的两匹马，又称“騑马”。中间两匹叫“服马”。

⑦门闾：城门和里巷的门。

译文

天地阴阳不改变规律，生成的万物却各不相同。眼睛不丧失视力，就能分辨出黑白的差别，耳朵不丧失听力，就能听出清浊不同的乐音。称王的人掌握住根本，就能成为万物的主宰。军队一定要有将帅，这是为了用来统一军队的行动，国家一定要有君主，这是为了用来统一全国的行动，天下一定要有天子，这是为了用来统一天下的行动，天子一定要掌握住根本，这是为了使权力集中。统一就能治理好天下，不统一就会造成天下大乱。譬如并排驾驭四匹马，让四个人每人拿一根马鞭，那就连街门都出不去，这是因为行动不统一啊。

原文

楚王问为国于詹子[①]，詹子对曰："何闻为身[②]，不闻为国。"詹子岂以国可无为哉？以为为国之本，在于为身。身为而家为，家为而国为，国为而天下为。故日以身为家，以家为国，以国为天下。此四者，异位同本。故圣人之事，广之则极宇宙，穷日月，约之则无出乎身者也。慈亲不能传于子，忠臣不能入于君[③]，唯有其材者为近之。

注释

①为国：治理国家。詹子：即詹何，战国时楚国隐者，善数术。

②为身：修养自身。

③入：纳。

译文

楚王向詹何问如何治理国家，詹何回答说："我只听说过如何修养自身，没有听说过如何治理国家。"詹何难道认为国家可以不要治理吗？他是认为治理国家的根本在于修养自身。自身修养好了，家庭就能治理好。家庭治理好了，国家就能治理好。国家治理好了，天下就能治理好。所以说，靠自身的修养来治理家庭，靠家庭的治理来治理国家，靠国家的治理来治理天下。这四种情况，所处的地位虽不一样，可根本却是相同的。所以圣人所做的事情，往大处说可以大到天地四方、日月所能照到之处，往简要处说没有离得开修养自身的。慈父慈母不一定能把好品德传给儿子，忠臣的意见不一定能被君主听取，只有修养自身的儿子和君主才接近于做到这一点。

原文

田骈以道术说齐，齐王应之曰："寡人所有者，齐国也，愿闻齐国之政。"田骈对曰："臣之言，无政而可以得政。譬之若林木，无材而可以得材。愿王之自取齐国之政也。"骈犹浅言之也[①]，博言之[②]，岂独齐国之政哉？变化应来而皆有章，因性任物而莫不宜当[3]，彭祖以寿[4]，三代以昌，五帝以昭，神农以鸿[5]。

注释

①浅言：略言。

②博言：详言。

③当：合适。

④彭祖：传说中的长寿者，相传是上古帝王颛顼的孙子。

⑤鸿：昌盛。

译文

田骈以道术劝说齐王，齐王回答他说："我所拥有的只是齐国，希望听听如何治理齐国的政事。"田骈回答说："我说的虽然没有政事，但可以由此推知政事。这就好像树木一样，本身虽不是木材，但可以由此得到木材。希望您从我的话中自己选取治理齐国政事的道理。"田骈还是就浅显的方面说的，就广博的方面而言，岂只是治理齐国前政事是如此呢？万物的变化应和，都是有规律的，根据其本性来使用万物，就没有什么不恰当合适的，彭祖因此而长寿，三代因此而昌盛，五帝因此而卓著，神农因此而兴盛。

卷十八 审应览

离谓

原文

言者以谕意也①。言意相离，凶也。乱国之俗，甚多流言，而不顾其实，务以相毁，务以相誉，毁誉成党，众口熏天，贤不肖不分。以此治国，贤主犹惑之也，又况乎不肖者乎？惑者之患，不自以为惑，故惑惑之中有晓焉②，冥冥之中有昭焉③。亡国之主，不自以为惑，故与桀、纣、幽、厉皆也④。然有亡者国⑤，无二道矣⑥。

注释

①谕：表明。

②惑惑：迷惑，迷迷糊糊。

③冥冥：昏暗。

④皆：偕同，相同。

⑤者：通“诸”，之。

⑥无二道矣：没有别的途径了。

译文

说的话是为了表达意思的。说的话和意思相违背，是凶险的。造成国家混乱的习俗是，流言很多，却不顾事实如何，一些人极力互相诋毁，一些人极力互相吹捧，诋毁的、吹捧的分别结成朋党，众口喧嚣，气势冲天，贤与不肖不能分辨。靠着这些来治理国家，贤明的君主尚且会感到疑惑，更何况不贤明的君主呢？疑惑之人的祸患是，自己不感到疑惑。所以得道之人能在疑惑之中悟出事物的道理，能在昏暗之中看到光明的境界。亡国的君主，自己不感到疑惑，所以就与夏桀、商村、周幽王、周厉王一样了。这样看来，那些遭到灭亡的国家，都是沿着这条路走的了。

原文

郑国多相县以书者[1]，子产令无县书[2]，邓析致之[3]。子产令无致书，邓析倚之[4]。令无穷，则邓析应之亦无穷矣。是可不可无辨也。可不可无辨，而以赏罚，其罚愈疾[5]，其乱愈疾。此为国之禁也。故辨而不当理则伪[6]，知而不当理则诈[7]。诈伪之民，先王之所诛也。理也者，是非之宗也[8]。

注释

①县以书：指把文章悬挂出来示人，这里指以这种方式表达政见。县，通“悬”，悬挂。书，指表达政见的文章。

②子产：姓公孙，名侨，字子产，春秋时郑国的执政大臣，实行了一系列政治改革。

③邓析：子产同时代郑国大夫，与子产属不同政见者。《汉书·艺文志》列邓析为名家第一人，并称有《邓析子》两篇，现已亡佚。致之：指用寄送的方式传递那些文章。

④倚之：指把文章夹带在其他东西中传播。

⑤疾：猛烈。

⑥辨：通“辩”，论辩。伪：诡辩。

⑦知：通“智”，聪明。诈：狡诈。

⑧宗：根本。

译文

郑国很多人把新法令悬挂起来，子产命令不要悬挂法令，邓析就对新法加以修饰。子产命令不要修饰新法，邓析就把新法弄得很偏颇。子产的命令无穷无尽，邓析对付的办法也就无穷无尽。这样一来，可以的与不可以的就无法辨别了。可以的与不可以的无法辨别，却用以施加赏罚，那么赏罚越厉害，混乱就会越厉害。这是治理国家的禁忌。所以，如果善辩但却不符合事理就会奸巧，如果聪明但却不符合事理就会狡诈。狡诈奸巧的人，是先王所惩处的人。事理，是判断是非的根本啊。

贵 信

原文

凡人主必信，信而又信，谁人不亲？故《周书》曰[①]："允哉[②]！允哉！"以言非信则百事不满也[③]。故信之为功大矣。信立则虚言可以赏矣[④]。虚言可以赏，则六合之内皆为己府矣[⑤]。信之所及，尽制之矣。制之而不用，人之有也；制之而用之，己之有也。己有之，则天地之物毕为用矣[⑥]。人主有见此论者[⑦]，其王不久矣；人臣有知此论者，可以为王者佐矣。

注释

①《周书》：今佚，当是记载周代训诰誓命文献的书。

②允：诚信，真诚。

③满：完满，成。

④虚言：空说，空言。赏：鉴别。

⑤六合之内：指整个世界。己府：自己家的府库。

⑥毕：全，都。

⑦见：知道。

译文

凡是君主一定要诚信，诚信了再诚信，谁能不亲附呢？所以《周书》上说："诚信啊！诚信啊！"这是说如果不诚信，那么所有的事情都不能成功。因此，诚信所产生的功效太大了。诚信树立了，那么虚假的话就可以鉴别了。虚假的话可以鉴别，那么整个天下就都成为自己的了。诚信所达到的地方，就都能够控制了。能够控制却不加以利用，仍然会为他人所有，能够控制而又加以利用，才会为自己所有。为自己所有，那么天地间的事物就全都为自己所用了。君主有知道这个道理的，那他很快就能称王了，臣子如有知道这个道理的，就可以当帝王的辅佐了。

原文

君臣不信，则百姓诽谤，社稷不宁。处官不信，则少不畏长，贵贱相轻。赏罚不信，则民易犯法，不可使令。交友不信，则离散郁怨，不能相亲。百工不信，则器械苦伪①，丹漆染色不贞②。夫可与为始，可与为终，可与尊通，可与卑穷者，其唯信乎！信而又信，重袭于身③，乃通于天。以此治人，则膏雨甘露降矣④，寒暑四时当矣。

注释

①苦：粗劣。伪：作假。

②丹：红色。漆：黑色。贞：纯正。

③重袭：反复施加，比喻修身严谨。

④膏雨：滋润大地的雨水。甘露：甜美的露水。

译文

君臣不诚信，那百姓就会批评指责，国家就不得安宁。当官不诚信，那年轻的就不敬畏年长的，地位尊贵的和地位低下的就会互相轻视。赏罚不诚信，那么百姓就会轻易地犯法，不可以役使。结交朋友不诚信，那么就会离散怨恨，不能互相亲近。各种工匠不诚信，那么制造器物就会粗劣作假，丹和漆等颜料就不纯正。可以跟它一块开始可以跟它一块终止，可以跟它一块尊贵显达，可以跟它一块卑微穷困的，大概只有诚信吧！诚信了再诚信，诚信重叠于身，就能与天意相通。靠这个来治理人，那么滋润大地的雨水和甜美的露水就会降下来，寒暑四季就会得当了。

古韵体验

Gu Yun Ti Yan

吕氏春秋

《吕氏春秋》成书于战国末期，集合百家观点，弃其糟粕、取其精华，经三千门客共同编纂而成。因其包罗万象，过于庞杂，被后世归为杂家，失去了应有的地位。

《吕氏春秋》在百家学说的基础之上，有所创新和完善，更适应于当时的社会现状，归根结底是一部统驭万民的帝王学术。“能养天之所生而勿撄之谓天子。天子之动也，以全天为故者也”。认为帝王应以民为本，保有养育生命，而不要去伤害摧残，这样的人，才能称得上是天子。而吕不韦终因个人的问题，而导致其精心策划，用以治国理政的方案，完全覆灭，不能不留给历史一声叹息。

秦王朝依靠其强大的铁蹄和战略部署统一了六国，却终因内宫中的不太平，而让天下与之陪葬。吕不韦的角色，站在他的角度上看，是集权谋与智慧于一身的英雄式人物，让一个在异国做人质的子楚登上国君宝座，让大秦帝国最终成为自己的囊中之物，缜密的心机当世无人可与之匹敌。可站在秦王嬴政的立场上，他却是一个处处干涉他执政的绊脚石，也是一个让王室蒙羞的人物，他每一声“仲父”叫出来，心口上都宛如插了一把刀吧，所以，才在他死后，处处与他的观点对立，那些儒生们，是否，也是拜相国所赐，才有了那场声势浩大的焚书坑儒行动。

《吕氏春秋》何故而能保存，一直以来，成为历代史学家们研究的焦点，很多人认为其是伪作，但又从另一些证据上认为确实是吕不韦所编著的，各种观点一直围绕着这部鸿篇巨著，抛开这些不谈，《吕氏春秋》里洋洋洒洒的文字，每一篇都堪称经典。

《吕氏春秋》是一部集理想与现实于一体的大成之作，里面的观点到今天仍具有鲜活的意义，在“孟春纪·本生”篇中指出“人之性寿，物者扫之，故不得寿。物也者，所以养性也。”说人为了利益，而耗损生命去追求它，这不是本末倒置了吗？外物本来是用以保养生命的，可今人却耗损生命去追求它，那是生命重要呢，还是外物重要呢？把轻的当成重的，把重的当成轻的，还有不失败的吗？而且在保养生命方面，更提出了，没有什么比美德更重要的了。一个德行完全的人，他们的精气可以通达天地，覆盖宇宙，知道什么是对生命有利的，什么是对生命有害的，对外物无不包容，无不承受，即不索取，也不抗拒，与天地自然和谐融为一体。

民本趋利，不可不察。有利的地方，民便趋之若鹜，无利之处，民便自去，指出了百姓逐利的本性，爱与利，便是根本。只有爱没有利，民也不留，只有利没有爱，民心不附。为君者，必须圣明，才能做到公正，唯公正，才能国泰民安，天下太平。若修圣明之身，必向内求，若向外求，便是远了。向外只能求贤，若自身无法做到德行智慧完善，一是无法分辨贤才，二是贤才不肯归附。奸臣误国，大多靠的是馋言，若是无有智慧，贤才也都被害死了。书中指出，那些灭亡的国家，并不是没有贤臣，而是君主不会使用，甚至迫害，那些昌盛的国家，并非没有奸臣，而是君主懂得辨别，知道如何控制。由此可知，人才是否能得到妥善使用，便是国家昌盛与衰败的根本。

这世上，一眼望去便像太阳般洁白的人是稀少的存在，一眼望去像污泥般混浊的人也是稀少的存在，若神识昏馈那识别人就会有难度。《吕氏春秋》中辨人的方法，又具有了很大的实用性，不能凭一言一事为一个人定性，必须多方考察、多种试验，最终才能对一个人的品德和才情有所了解。花言巧语是用来迷惑昏君的，而明君考察一个人，便会在他显达时，观察他礼遇什么人；在他尊贵时，观察他举荐什么人；在他闲居时，观察他的爱好；在他学习时，听他讲什么；在他困窘时，看他不接受什么；在他贫贱时，看他不做什么。使他高兴，以检验他的节操；使他快乐，以检验他的邪念。发怒时看气度，恐惧时验品行，悲哀时测其仁爱之心，困苦时量其意志。《吕氏春秋》中设定了八观、六验；六戚、四隐来验人真伪、贪鄙、美恶。让人无所遁形，对开启识人的智慧很有裨益。识人才能用人，这是一个循环成体系的工程，但这一系列工程的根本，便是君主是否圣明到充满仁爱之心、又明辨是非智慧超群。

“天下太平，万物安宁。皆化其上，乐乃可成。”《吕氏春秋》中对音乐也很重视，认为圣明的君主，制定的音乐也必然是清宁美好，能教化万物众生的，反之昏暗的君主制定的音乐礼制也必然是靡靡之音，对社会的进步和风气的净化没有一点促进作用，只会将万民拉进腐朽的泥潭，商纣之流不知检讨，永远认为错在别人，最终国没身亡。因此，观察一个国家的风俗、音乐、礼仪，便会对这个国家有一个大概和初步的了解。而这一切的根本，便是君主是否仁德有道，“故知一，则应物变化，阔大渊深，不可测也；德行昭美，比于日月，不可息也。”有了道，便会四方豪杰贤士归附，而古之圣贤君王，无论哪里出了问题，都认为罪在自己，兢兢业业，勤勉努力，最终成就王者之业。

延伸阅读

Yan Shen Yue Du

吕氏春秋

文化延伸

——与本书内容有关的图书、影视

《四库全书》
作者：纪晓岚

研究缩影

《四库全书》是在乾隆皇帝的主持下，由纪昀等360多位高官、学者编撰，3800多人抄写，费时十三年编成。丛书分经、史、子、集四部，故名四库。共有3500多种书，7.9万卷，3.6万册，约8亿字，基本上囊括了中国古代所有图书，故称“全书”。当年，乾隆皇帝命人手抄了7部《四库全书》，下令分别藏于全国各地。

《永乐大典》
作者：解缙

研究缩影

《永乐大典》编撰于大明永乐年间，内阁首辅解缙总编的一部中国古典集大成的旷世大典，初名《文献大成》，是中国百科全书式的文献集，全书22937卷（目录占60卷），11095册，约3.7亿字，汇集了古今图书七八千种，显示了古代汉族文化的光辉成就。

《乾隆版大藏经》
作者：乾隆

研究缩影

《乾隆版大藏经》为清代官刻汉文大藏经，全藏共收录经、律、论、杂著等1669部，7168卷，共用经版79036块。负责其事的官员、学者、高僧等达60余人，监造人员80余人，还募集刻字、刷印和装帧等优秀工匠860余人，历时6年完成。全藏字体秀丽，镌刻精湛，如出一人；佛像等图版以白描手法绘刻，庄严而不失生动。

名家链接

1.纪昀

纪昀，字晓岚，清代文学家、著名学者、政治人物。纪晓岚为康熙朝举人纪容舒次子，自纪晓岚上推七世，都是读书人，他出生于一个世代书香门第。1773年受命为《四库全书》总纂官，1784年《四库全书》大功告成。在主编《四库全书》期间，纪晓岚由侍读学士升为内阁学士，并一度受任兵部侍郎，改任不改缺，仍兼阁事，甚得皇上宠遇。接着升为左都御史。纪晓岚八十大寿，皇帝派员祝贺，并赐上方珍物。嘉庆十年（1805）二月十四日，一代鸿儒纪晓岚去世，嘉庆皇帝亲自为他作了碑文，并追谥文达，极尽一时之荣哀。

2.解缙

解缙，字大绅，永乐元年，明成祖朱棣登基，解缙升任翰林侍读。随后成祖建立文渊阁，不久，又迁为翰林侍读学士，奉命总裁《太祖实录》《列女传》，书成，朱棣赏赐银币。其后又主编《永乐大典》。永乐八年，解缙入京奏事，正遇朱棣北征未归，故只好觐谒太子朱高炽而返。于是朱高煦又乘机进诲言说："伺上出，私现太子，径归，无人臣礼！"朱棣为此震怒，以"无人臣礼"罪下诏狱。永乐十三年正月十三日，锦衣卫都指挥佥事纪纲上囚籍，朱棣见到解缙姓名问："缙犹在耶？"纪纲用酒将解缙灌醉，而后拖到积雪中埋起来，解缙立刻死了，此时解缙年仅四十七岁。解缙去世后，家中财产被抄没，妻子、儿女、宗族都流放到辽东。

经典语录

1. 精通乎天地，神覆乎宇宙，其于物无不受也，无不裹也，若天地然。

2. 贵富而不知道，适足以为患，不如贫贱。

3. 昔先圣王之治天下也，必先公。公则天下平矣，平得于公。

4. 天下非一人之天下也，天下之天下也。

5. 阴阳之和，不长一类；甘露时雨，不私一物；万民之主，不阿一人。

6. 天地大矣，生而弗子，成而弗有，万物皆被其泽，得其利，而莫知其所由始。

7. 天无私覆也，地无私载也，日月无私烛也，四时无私行也。行其德而万物得遂长焉。

8. 圣人深虑天下，莫贵于生。

9. 惟不以天下害其生者也，可以托天下。

10. 世之人主多以富贵骄得道之人，其不相知，岂不悲哉?

11. 天生人而使有贪有欲。欲有情，情有节。圣人修节以止欲，故不过行其情也。

12. 故民无常处，见利之聚，无之去。

13. 圣人察阴阳之宜，辨万物之利以便生，故精神安乎形，而年寿得长焉。

14. 精气之来也，因轻而扬之，因走而行之，因美而良之，因长而养之，因智而明之。

15. 成其身而天下成，治其身而天下治。故善响者不于响于声，善影者不于影于形，为天下者不于天下于身。

16. 故欲胜人者，必先自胜；欲论人者，必先自论；欲知人者，必先自知。

图书在版编目（CIP）数据

吕氏春秋/（战国）吕不韦著．--长春：北方妇女儿童出版社，2016.5（2021.2重印）
（中华国学经典全民阅读书库）
ISBN 978-7-5385-9102-6

Ⅰ.①吕… Ⅱ.①吕… Ⅲ.①杂家 Ⅳ.①B229.21

中国版本图书馆CIP数据核字（2016）第077739号

吕氏春秋

LUSHI CHUNQIU

出版人 刘 刚
责任编辑 吴 桐
开 本 710mm×1000mm 1/16
印 张 13
字 数 165千字
版 次 2016年2月第1版
印 次 2021年2月第3次印刷
印 刷 三河市华晨印务有限公司
出 版 北方妇女儿童出版社
发 行 北方妇女儿童出版社
地 址 长春市净月开发区龙腾国际大厦A座
电 话 总编办：0431-81629600

定 价 29.80元